J.B.

Une goutte de rosée sur le duvet d'un flamant rose. Mais est-ce la plume qui retient l'eau ou l'eau qui retient la plume ? Qu'en pense monsieur Mistral ?...

Une image calme et sereine de la Camargue qui joue pour ce livre le rôle de préface.

Une plume exotique pour le traditionnel « mot de l'éditeur ». Le clin d'œil, en somme, du pélican brun des Antilles à son cousin ailé de la métropole, le flamant rose. Ne dit-on pas que la Camargue est une île ?...

Curieux impénitents que nous sommes, la Camargue nous a abreuvés d'anecdotes truculentes et de spectacles rares. Amoureux de la nature, elle a ouvert pour nous une encyclopédie sauvage extraordinaire, toute de poils, d'écailles et de plumes. Nous avons même découvert qu'ici le taureau « travaille » en piste pour sa seule gloire, celle qui le fera « grand cocardier » et pour laquelle on érigera une statue... après une longue vie de prélat parmi les sansouïres.

La Camargue, pourtant, reste secrète. Les vérités des uns sont rarement celles des autres sur cette contrée mi-eau, mi-sel. Les sujets à controverses sont légions. Aussi, il nous a fallu, pour y voir clair, de la ténacité et beaucoup de patience.

Curieux, vous qui tenez ce livre dans vos mains, nous ne doutons pas que les portes de la Camargue s'ouvriront pour vous... Que ces pages vous servent de clés !

La Camargue

Sommaire

INTRODUCTION

HISTOIRE

SOCIETE

NATURE

PROMENADE

PAGES PRATIQUES

J.B.

Camargue
Le Rhône
Le Grand Rhône
Le Petit Rhône
RICARD

Bambouseraie d'Anduze
Vers Alès
Vers Uzès
Pont du Gard
Vers Bagnols-Montélimar
AVIGNON
VAUCLUSE
Vers Ganges
Quissac
D999
N110
N106
Gard ou Gardon
Remoulins
Le Rhône
N570
N86
Le Vidourle
NIMES
D999
Tarascon
Beaucaire
D35
St-Rémy
Les Baux
Sommières
N113
LA LANGUEDOCIENNE
GARD
Le Rhône
HERAULT
N113
Générac
Beauvoisin
N570
N110
N113
Le Petit Rhône
Castries
Lunel
Vauvert
St-Gilles
ARLES
Aimargues
N572
Lunel-Viel
Le Cailar
N572
Vers Salon
Marsillargues
Canal du Rhône à Sète
Lansargues
Gallician
D570
Canal du Bas-Rhône-Languedoc
St-Laurent-d'Aigouze
N568
Mauguio
Le Vidourle
D979
MONTPELLIER
Etang de Mauguio ou de l'Or
Tour Carbonière
Parc Régional de Camargue
Vers Béziers-Sète
Aéroport de Fréjorgues
D62
Le Petit Rhône
Vers Martigues
Lattes
Pérols
La Grande-Motte
D35
Aigues-Mortes
Etang de Vaccarès
Etang de Pérols
Carnon
Le Grau-du-Roi
Le Rhône
Palavas-les-Flots
Port-Camargue
D570
Réserve Naturelle Zoologique et Botanique
Petite Camargue
BOUCHES-DU-RHONE
Les Stes-Maries-de-la-Mer
Salin-de-Giraud
Port-St-Louis

A.9
Vergèze (source Périer)
N.113
Beauvoisin
Générac
Candiac (Château)
VAUVERT
Aimargues
Le Cailar
N.313
St-Laurent-d'Aigouze
Gallician
N.572
Le Grand Bois
Château d'Espeyran
Abbaye de Psalmody
Etang du Charnier
Etang de Scamandre
Canal du Rhône à Sète
Les Iscles
D.179
D.779
Tour Carbonnière
D.58
Montcalm
D.46
AIGUES-MORTES
Etang de la Ville
Canal du Bourguidou
Etg du Lairan ou Grd Palus
Salin du Commun
Ets des Caitives
Etang du Roi
Pont Sylvéréal
Canal de Peccais à Sylvéréal
Fort Peccais
Plaine de St-Jean
Canal de St-Jean
Etg de l'Arameau
Etang de Bollan
Etang des Salants
Etg de Malégal
Etg du Cabri
Le Rhône vif
Radeau de Brasinvert
Aéroport Garons-Nîmes Arles-Camargue
Bellegarde
D.42
Canal du Rhône à Sète
N.113
Le Petit Rhône
ST-GILLES
Crin Blanc
Saliers
Ecluse de St-Gilles
D.37
Mas du Pont de Rousty (musée camarguais)
Albaron
D.570
Ste-Cécile
Bouchaud
Gageron
PARC NATUREL REGIONAL
Château d'Avignon
Paty de la Trinité
Les Bruns
Méjanes
Villeneuve
D.570
ETANG DU VACCARES Réserve Naturelle
Pioch Badet
Cabanes de Cambon
Le Petit Rhône
Bac du Sauvage
Pont du Gau
Etg de Ginès
Cacharel
Parc Ornithologique
Etg de Malagroy
Réserve Départementale des Impériaux et de Malagroy
Bois des Rièges
L'Amarée
Tombeau du Marquis de Baroncelli
Digue à la Mer
Piste pédestre et cycliste
LES STES-MARIES-DE-LA-MER
Grau d'Orgon
Phare de la Gacholle
Etang du Lion
Etg de la Dame
Les Cabanes-du-Vaccarès
Mas de Fielouse
Etang de Fournelet
Salin de Badon
Les Marquises
St-Bertrand
Grand Badon
Etang de Galabert
Etang du Fangassier
Vers Tarascon
LE RHÔNE
N.570
Fourques
ARLES
N.572
Pont Van Gogh
D.35
N.113
Tour d'Amphoux
Château de l'Armellière
Le Grand RHÔNE
La Capelière
Le Sambuc
Tour du Vallat
D.36
Peaudure
Chaîne des Alpilles
Fontvieille
Les Baux
Moulin d'Alphonse Daudet
Abbaye de Montmajour
Aqueduc Meunerie Romaine
Raphèle-lès-Arles
St-Martin-de-Craux
N.568
Mas-des-Pernes
Etg des Aulnes
D.24
Mas Thibert
Marais de l'Etg Redon
D.35
Salin du Caban
En mer, le territoire du Parc s'étend jusqu'à la limite des eaux territoriales
Plage de sable fin sur 25 km
GOLFE DES STES-MARIES OU DE BEAUDUC
Station de pompage de Beauduc
VIEUX RHÔNE
Tourvieille
Etg du Grd Rascaillan
Salin-de-Giraud
Bac du Barcarin
Faraman
N.268
Port-St-Louis-du-Rône
Pointe de Beauduc ou du Sablon
Etg de Beauduc
Etg du Vaisseau
Etg de Faraman
SALIN DE GIRAUD
Domaine de la Palissade
Phare de Beauduc
Phare de Faraman
Etang de Grande Palun
Grau-de-la-dent
Plage de Piémanson ou d'Arles
MER MEDITERRANEE

PHOTO SATELLITE
C C.N.E.S. 1988 - Image SPOT R, diffusion SPOT IMAGE

SPOT IMAGE
16 bis, av. Edouard-Belin - B.P. 4359
31030 TOULOUSE Cedex - Tél. : 61.27.31.31

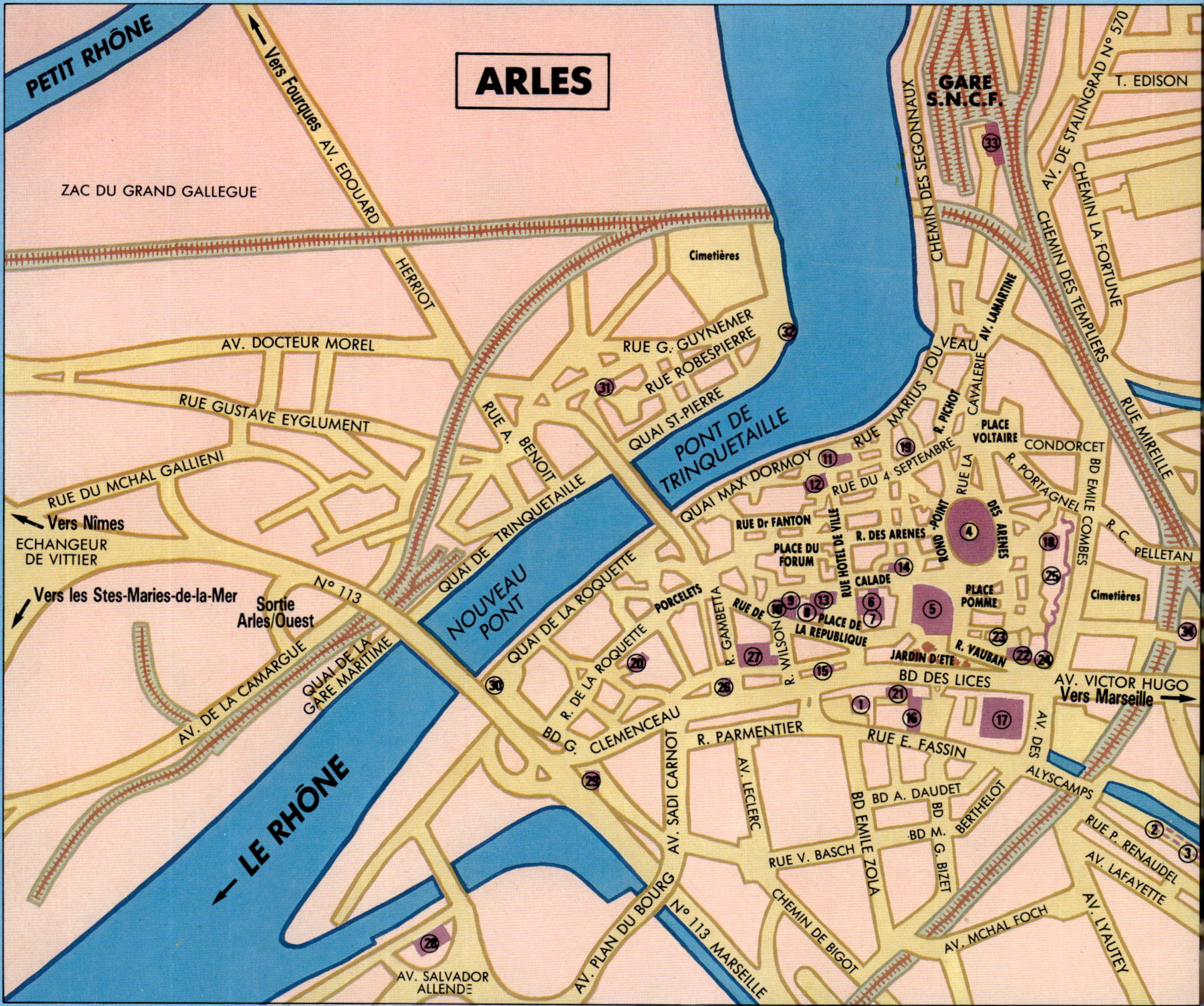

LEGENDES

1 - Office de Tourisme
2 - Les Alyscamps
3 - Eglise St-Honnorat
4 - Amphithéâtre
5 - Théâtre Antique
6 - Eglise St-Trophime
7 - Bibliothèque
Cour de l'Archevêché
Cloître St-Trophime
8 - Musée d'Art Païen
9 - Musée F. Benoît
Art Chrétien
10 - Museon Arlaten
11 - Musée Réattu
12 - Thermes de Constantin
13 - Hôtel de Ville
14 - Sous-Préfecture
15 - Temple Protestant
16 - PTT
17 - Cité Administrative
Police-Gendarmerie-Douanes
18 - Eglise Notre-Dame de la Major
19 - Eglise Saint-Julien
20 - Eglise Saint-Césaire
21 - Chapelle de la Charité
22 - Anc. Eglise St-Blaise
23 - Baptistaire St-Jean de Moustier
24 - Tour des Mourgues
25 - Rempart
Aqueduc Romain
26 - Théâtre Municipal
27 - Hôpital Van Gogh
28 - Palais des Congrès
C.C.I.A.
29 - Ancienne Eglise des Carmes Déchaussées
30 - Tour de l'Ecorchoir
31 - Eglise Saint-Pierre
32 - Vestiges du Pont Romain
33 - Gare S.N.C.F.
34 - Chapelle St-Pierre du Mouleyrès
T - Station de Taxis
S - Station de Cars

Le long tango du Rhône à la mer

Il y a huit millions d'années, le golfe du Lion... va jusqu'à Lyon ! Et puis, il y a deux millions d'années, commence le retrait de la mer qui va durer un million d'années, et va atteindre, et découvrir largement, la région qui nous intéresse. Ensuite, la mer va avancer et reculer, selon que les périodes de glaciation vont retenir les eaux sous forme de calottes glacières et les périodes interglacières les laisser s'écouler jusqu'à elle. Elle restera, cependant, toujours en retrait par rapport au tracé actuel de la côte.

A. P.

Le désert de Mireille

Le Rhône, alimenté par les cours d'eau descendant des Alpes et du Massif Central, et la Durance, qui à cette époque va directement à la mer par le sud des Alpilles, sont de véritables torrents qui roulent et déposent à la fin de leur course, des quantités énormes de cailloux, sur plusieurs dizaines de mètres d'épaisseur. Cela donne naissance (après la formation d'une faille), aux Costières du Gard à l'ouest, et à la Crau à l'est, où on peut voir, encore aujourd'hui, ces galets bien arrondis, bien lisses, dans leur gangue de dépôts plus fins, affleurer en un « désert » typique, entre Saint-Martin-de-Crau et Salon-de-Provence : celui où la Mireille de Frédéric Mistral s'épuise sous l'implacable soleil de l'été.

Vers 10 000 avant notre ère, c'est la fin de la dernière période glacière, le début du réchauffement : le niveau marin est de quarante mètres inférieur à ce qu'il est aujourd'hui, la couche de cailloux est entièrement découverte. A cette époque, à partir du sud de la colline d'Arles, le Rhône, qui bute sur les apports de la Durance, coule presque est-ouest, vers Mauguio où il n'y a pas encore d'étang.

L'intervention de l'homme préhistorique

Et puis, les glaciers fondent : pendant trois mille ans la mer monte vers le nord, couvre l'étendue de l'actuel Vaccarès et toute la région de Salin-de-Giraud et de Port-Saint-Louis-du-Rhône, jusqu'à Fos-sur-Mer. Des dunes se forment le long de la nouvelle côte et constituent en particulier la pinède de Sylveréal (au nord-est d'Aigues-Mortes).

On est encore à vingt mètres au-dessous du niveau actuel de la mer et, pourtant, la côte ne reculera plus vers le nord. C'est le résultat de la première intervention (involontaire !) de l'homme sur le devenir de la Camargue. En effet, il se sédentarise, invente l'agriculture, puis le travail des métaux. Pour tout cela : habitat, cultures, source d'énergie, l'homme déboise sur le parcours du Rhône et de ses affluents. Commence alors une érosion plus intense de ces régions, dont les matériaux arrivent à la côte et se déposent en quantité suffisante pour compenser la montée du niveau marin qui se poursuit.

Sur le littoral se forment des dunes qui enferment des zones marécageuses où se déposent les alluvions du Rhône : la terre gagne sur la mer.

Plusieurs dizaines de mètres de cailloux roulés par la Durance avant sa capture par le Rhône : c'est la plaine de la Crau, le « désert » de Mireille.

La capture de la Durance

Pendant ce temps, la Durance a amoncelé un tel tas de cailloux qu'elle ne peut plus s'insinuer entre les Alpilles et le plateau d'Aix : la route directe à la mer lui est coupée. Elle longe donc le Lubéron et devient à son tour affluent du Rhône. C'est la *capture* de la Durance par le Rhône ! Les quantités de matériaux qu'il charrie jusqu'à la côte, toujours suivant son cours est-ouest, augmentent d'autant : la terre gagne maintenant sur la mer. Une côte sensiblement rectiligne se forme, de l'emplacement d'Aigues-Mortes à celui de Fos, bordée par de nouvelles dunes qui enferment des zones marécageuses, en particulier le futur étang du Vaccarès. Par ailleurs, une part de la nouvelle masse limoneuse se dépose le long du fleuve et élève de larges bourrelets sur ses rives. C'est grâce à eux que l'on pourra déterminer les différents cours de ce Rhône dorénavant capricieux. Vers 3500 avant J.-C. il délaisse en partie son cours vers l'ouest et étire un nouveau bras vers le sud, qui se divise en deux pour encadrer le futur Vaccarès : c'est la naissance du delta.

Lorsqu'Hannibal est passé par là

Le déboisement dû aux activités humaines se poursuit; Arles devient un comptoir important, clé d'un commerce actif avec l'intérieur de l'Europe, par la voie du Rhône : l'habitat, la défense (les Gaulois utilisent peu la pierre), la construction navale et, toujours, la métallurgie demandent beaucoup de bois. Le fleuve devient de plus en plus lent dans un delta de plus en plus chargé en alluvions. Lorsqu'en 218 avant J.-C., Hannibal franchit le Rhône avec son armée et ses fameux éléphants, il le fait « en un endroit où le fleuve coule dans un seul lit », mais le delta occupe à peu près son espace actuel : la côte a considérablement gagné sur la mer, formant des pointes, de part et d'autre de chaque embouchure, et de nouveaux espaces lagunaires derrière de nouvelles dunes. Mais cette Gaule pas encore romaine est fort mal connue ; les géographes de l'époque se disputent à son propos : *« Au sujet des bouches-du-Rhône, Polybe s'en prend à Timée et dit qu'il n'y en a pas cinq, mais seulement deux »*, rapporte alors un troisième !

Au moins sept bouches différentes

A la fin de la période romaine, au VIe après J.-C., le dessin de la côte et les embouchures, au nombre de trois, sans compter les « Fosses Mariennes » (voir plus loin « Histoires d'eaux »), préfigurent ceux du Moyen-Age. Les deux bras encadrant le Vaccarès, celui d'Ulmet (qui se jette à la mer par l'actuel étang du Fangassier) et celui de St-Ferréol (qui aboutit aux Saintes-Maries), demeurent actifs jusqu'au XVe siècle ; les roubines de la Petite Montlong et de l'Aube de Bouc en sont le souvenir. Le Petit Rhône suit, jusqu'à Albaron, l'orientation de l'ancien lit d'avant la formation du delta, puis à peu près son cours actuel, jusqu'à Syveréal, et enfin le tracé du canal de Peccais, mais au lieu de se jeter directement à la mer, il passe au nord d'Aigues-Mortes (canal du Bourdigou) et aboutit du côté de la Grande-Motte par l'étang du Ponant.

Au XVIe siècle, après la « mort » des bras longeant le Vaccarès, il reste à l'ouest le Petit Rhône, avec le bras de Peccais et le bras actuel, et à l'est le Grand Rhône, qui adopte le bras de Fer (canal du Japon) en 1587 ; il l'abandonne en 1711, pour prendre, enfin, son cours d'aujourd'hui. Le Rhône aura donc, dans son histoire, atteint la Méditerranée par, *au moins*, sept bouches différentes !

Pendant tout ce temps, la côte change elle aussi car les apports d'alluvions ne restent pas aux embouchures : ils sont entraînés par la mer et répartis par les courants côtiers en cordons littoraux successifs. Leur souvenir subsiste en longs îlots boisés (généralement de pins maritimes) appelés *radeaux*, pour les plus anciens, ou en chaînes de dunes, les *montilles*, pour les plus récents, derrière lesquelles subsistent des étangs qui finissent par être comblés. Deux pointes s'avancent ainsi aujourd'hui vers l'ouest, celle de l'Espiguette, près d'Aigues-Mortes, et celle de Beauduc dont le processus de formation est encore actif aujourd'hui.

Un rock n'roll endiablé

Mais qu'est-ce qui fait ainsi courir le Rhône, parcourant la Camargue en tout sens dans un tempo fébrile (si l'on se réfère, bien sûr, à l'échelle des temps géologiques, pour laquelle un siècle est à peine un claquement de doigt) ? Après son long tango avec la mer des périodes glacières et interglacières, c'est, depuis l'âge du bronze et le début de l'édification du delta, un rock n'roll de plus en plus endiablé, puis un véritable « break-dance » auxquels s'est livré le fleuve.

C'est que, outre l'ensablement de certaines embouchures, plus le Rhône apportait d'alluvions, plus son lit, bordé par ses bourrelets, s'élevait au-dessus du niveau général de la Camargue ; et, à chaque crue, la probabilité était plus grande qu'une brèche s'ouvre dans cette digue naturelle par laquelle s'engouffrait l'essentiel du débit, abandonnant l'ancien lit, coulant vers la plaine plus basse et s'y frayant un nouveau cours, qui, à son tour, s'élevait entre des bourrelets au-dessus du niveau général, etc. C'est ce qui s'est produit, par exemple, pour le Grand Rhône en 1587 et en 1711.

L'étang du Vaccarès, pivot central de l'histoire passée et présente de la Camargue.

M.N.

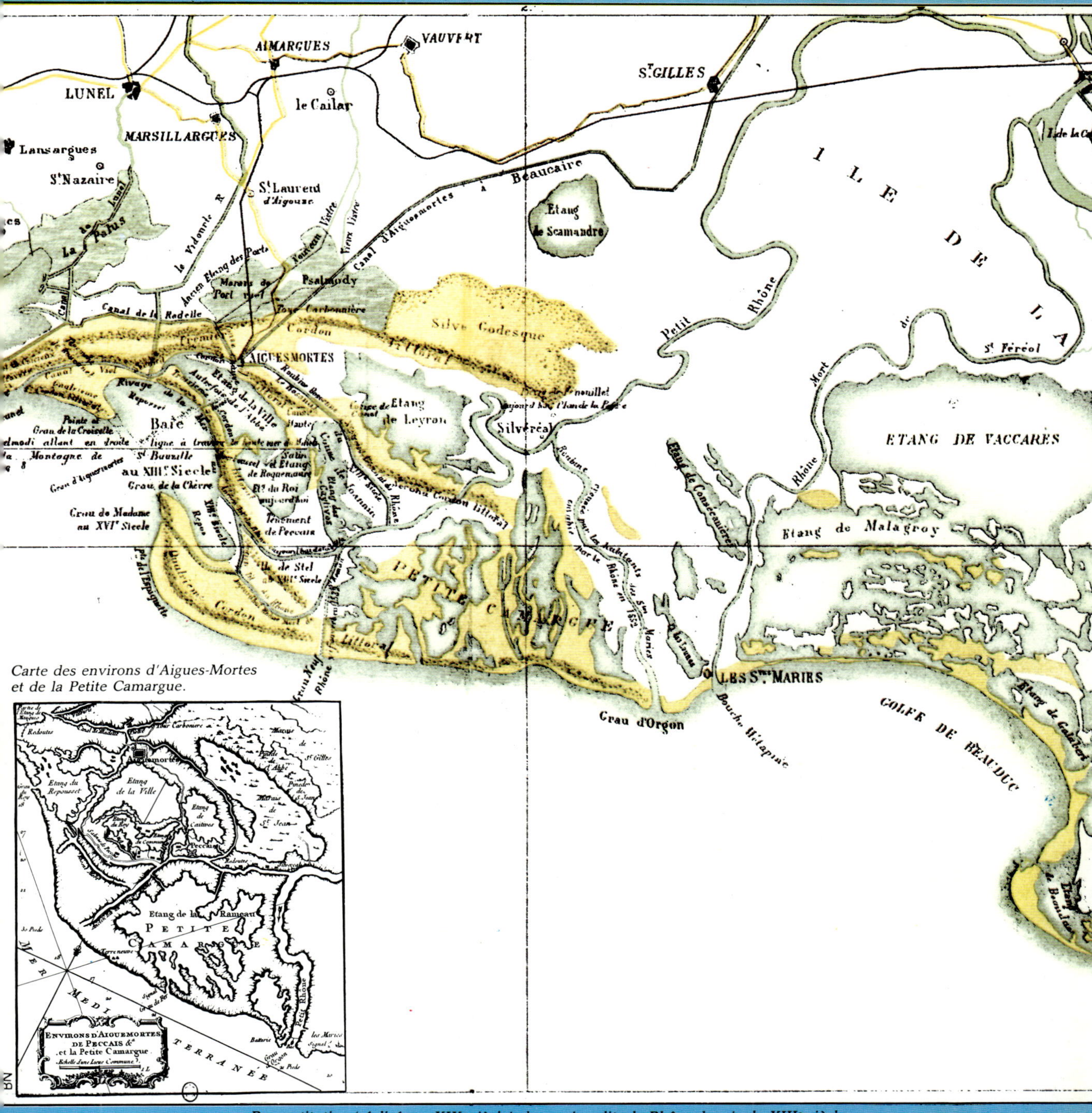

Carte des environs d'Aigues-Mortes et de la Petite Camargue.

Reconstitution (réalisée au XIXe siècle), des anciens lits du Rhône depuis le XIIIe siècle.

Histoires d'eaux

Infléchir le cours des choses

L'homme a, donc, depuis les temps préhistoriques, contribué, sans le savoir, à l'édification du delta (voir chapitre précédent). Mais il a aussi, depuis moins longtemps certes, mais volontairement cette fois, cherché à infléchir le cours des choses en général, et celui du fleuve, en particulier.

La première de ces entreprises remonte au 1er siècle avant J.-C. : vingt ans à peine après les premières conquêtes romaines en Gaule, le consul Marius était en garnison à St-Gabriel (entre Arles et Tarascon), où il attendait, avec ses légions, des envahisseurs barbares qui menaçaient de déferler par la vallée du Rhône. Comme ils tardaient un peu, et pensant déjà, sans doute, que l'oisiveté est la mère de tous les vices, le consul alla faire une petite inspection du côté de l'embouchure orientale du Rhône, où les Romains avaient coutume de débarquer, en venant d'Italie. « *Marius, la voyant obstruée par l'ensablement*, écrit le chroniqueur du temps, *et devenue d'un accès délicat*, *fit tracer par ses légions un lit nouveau, et après y avoir fait se déverser la partie la plus importante des eaux du fleuve, le donna aux Marseillais.* » (Marseille était encore indépendante de Rome). On appela ce canal *Fossa Mariana*, du nom du consul et le port qui naquit à son embouchure devint Fos-sur-Mer.

Toutes les richesses du monde

Par là ont transité, pendant toute l'époque romaine, le ravitaillement des troupes de conquête, puis en sens inverse, les navires de guerre construits en Arles, le blé et les denrées produits dans les nouvelles colonies, enfin, toutes les richesses du moment, comme l'écrit Honorius, un des derniers empereurs d'Occident, à propos d'Arles dont Fos est l'avant-port : « C'est là que se distribuent le plus commodément les productions du monde entier : le luxe de l'Orient, les parfums d'Arabie, les produits délicats de l'art assyrien, les céréales d'Afrique, les fruits d'Espagne, tout ce que donne la fécondité de la Gaule, tout ce que chaque région crée de meilleur déborde à proprement parler dans cette ville, comme si à elle seule, elle produisait tout cela. »

Des marais qui paraissent bien débonnaires par calme plat, montent, par temps de Mistral, à l'assaut des « levadons » (petites digues) élevés par l'homme pour les contenir, comme en témoigne l'état des pieux qui leur servent d'armature et l'accumulation des algues roses à leurs pieds.

J.M.R.

Les douves de la Tour de Constance à Aigues-Mortes

L'eau vit aussi à la verticale

Amis de la nature, venez découvrir votre élément préféré dans son état le plus fou. Du Vercors à la Sierra de Guara, des cathédrales naturelles, pétries de minéral et d'aquatique, baignées d'ombre et de lumière, vous inciteront au rêve aventurier d'un monde insolite, celui des **Canyons**. Abondamment illustré, le livre-guide « A la découverte des canyons » est le fruit de nombreuses expériences affinées sur le terrain. Vous y trouverez tous les renseignements concernant l'équipement, la préparation, etc., ainsi que les fiches-topo des 25 plus belles courses-découvertes de ces lieux exceptionnels.

Les Editions du Pélican

Dans la même collection, toutes les îles françaises des Antilles.

« LA GUADELOUPE ». Réunis en dossiers émaillés d'anecdotes (les petits métiers, le créole, la magie noire, l'habitat, les fleurs etc. les aspects physiques et humains de ce département français d'Outre Mer (dépendances comprises). De quoi satisfaire les assoiffés de la pellicule comme les inconditionnels de l'huile solaire. Lire absolument les conseils de savoir vivre aux Antilles livrés par « Tibitin » en bandes dessinées. 136 pages couleurs.

BONJOUR ST-MARTIN et **BONJOUR ST-BARTH** deux petites îles françaises dans la « zone dollar » des Antilles, deux livres au-dessus desquels plane le pélican. Au menu de chacun d'entre-eux, les photos de toutes leurs plages aussi nombreuses qu'originales, deux sociétés uniques dans la Caraïbe, un statut fiscal « monégasque » et deux 747 hebdomadaires directs depuis Paris.

Full text in english too.

« BONJOUR LA MARTINIQUE ». Que de singularités pour cet autre département français d'Outre-Mer ! Le meilleur rhum « agricole » du monde. Une île qui a tant pleuré en 1902 lorsque l'explosion de la Montagne Pelée a réduit en cendres la ville de St-Pierre et ses 30 000 habitants, qu'elle a encore aujourd'hui du rire à rattraper. 132 pages de cocotiers en couleurs.

L'homme a toujours cherché à lutter contre l'action permanente du vent (85 jours par an de calme seulement), en plantant des rideaux d'arbres résistants, en fabriquant des coupe-vents de roseaux assemblés ou des systèmes plus élaborés de fixation des dunes.

Dès que la salinité baisse, comme au débouché de ce canal d'irrigation au Grau-du-Roi, les roseaux poussent dru et peuvent servir de nourriture au chevaux et aux taureaux, de litière aux moutons et de toiture aux maisons.

Sous la plage les pavés

Mais le chapelet d'étangs dont s'était servi Marius pour faire ce nouveau lit au Rhône se comble inéluctablement. Cela est déjà évident au VIIIe siècle ; dès le XIe siècle, on cherche à profiter des terres jusqu'alors inondées et à faire reculer les fièvres qu'entretiennent les marécages. On entreprend des travaux d'assèchement... et, en 1587, le Rhône déserte les Fosses Mariennes et coule désormais dans le Bras de Fer, débouchant au Grau de la Dent qui se trouve, alors, à la hauteur de l'étang du Fangassier ; et la pointe de Beauduc va commencer « à pousser », modelée par les courants marins (voir chapitre précédent). Mais comme Fos ne reçoit plus d'alluvions du fleuve, ces mêmes courants marins vont « rogner » la côte, et aujourd'hui, c'est sous la plage, ou même sous la mer, que l'on retrouve les vestiges de ce port qui fut actif au moins jusqu'aux invasions barbares.

On veut aussi combattre les effets des crues du Rhône, en creusant des canaux d'écoulement pour évacuer ses débordements. Mais comme il pleut très peu dans cette région, comme une partie des terrains est salée en profondeur, (celle qui a contenu pendant trois mille ans la montée des mers et celle qui a récemment émergé : voir chapitre précédent), et comme elle est resalée en surface par les tempêtes et les marées d'équinoxe que rien n'arrête, il faut faire circuler, voire réintroduire de l'eau douce sur les terres « assainies ».

O.T.G.R.

A.P. *Parce que les marais les protégeaient des invasions diverses, parce qu'ils se méfiaient des décisions prises « en haut lieu » et parce qu'ils étaient attachés à leur mode de vie séculaire, les habitants d'Aigues-Mortes et de St-Laurent-d'Aigouze se sont toujours opposés à l'assèchement des bords du Vistre.*

Abreuver ou vider la Camargue

Ainsi au milieu du XVe siècle, la ville d'Arles s'engage à fournir le tiers des dépenses aux associations qui se formeraient pour *« arroser, abreuver ou vider les eaux de la Camargue »*. Au XVIe siècle on s'occupe surtout de *« vider »* la Camargue dans l'étang du Vaccarès et au XVIIe on s'avise de *« l'abreuver »*, en canalisant les anciens bras du Rhône et en les alimentant par des prises d'eau dans le cours du fleuve. La plupart de ces associations existent toujours.

Au XVIIIe siècle, l'Etat et la Société du Dessèchement des Marais et Lacs de France établissent un projet de grande envergure, mais, malgré les promesses de prospérité future, ils se voient opposer un refus de la part des habitants de la région d'Aigues-Mortes et de St-Laurent-d'Aigouze *« à cause de la nécessité qu'il y a que les choses restent comme elles sont, pour la conservation du terroir culte »* (cultivé). Malgré ce qui peut apparaître comme un effet du plus pur obscurantisme dans ce siècle des Lumières, ils n'avaient, en fait, pas entièrement tort.

Des effets insoupçonnés

Dans la Grande Camargue, en effet, c'est-à-dire entre les deux bras actuels du Rhône, on va faire preuve tout au long du siècle dernier, d'un modernisme et d'une efficacité qui ne se démentiront pas, mais qui auront des effets insoupçonnés. On va tout d'abord, en 1856, se prémunir des invasions marines par la Digue à la Mer, entre Salins-de-Giraud et les Saintes-Maries-de-la-Mer. Puis on va définitivement contenir les deux bras du Rhône dans leurs lits par un endiguement complet et efficace, terminé en 1870.

Bravo : plus d'inondations, ni de divagations à redouter, ni de la mer, ni du fleuve. Mais à partir de ce moment, la Grande Camargue est une île où n'entrent que les eaux de pluie et celles que l'on y introduit par pompage.

Or, comme il s'évapore dans cette région plate, sans ombre et ouverte au Mistral, presque deux fois plus d'eau qu'il n'en tombe, si on n'en introduit pas suffisamment, c'est l'eau salée des nappes et des sables imbibés par la mer qui remonte. Le paysage devient alors un désert de sel. Et c'est ce qui a failli se produire : on a vu, dans les années trente et quarante, le Vaccarès totalement asséché à la fin de l'été, devenu une scintillante étendue d'efflorescences salines...

Une sale petite bête venue d'Amérique

Pour que les installations complexes que réclame cette irrigation devenue totalement artificielle fonctionnent et soient entretenues, il faut, en effet, qu'elles soient *« rentables »*. Or, au début du siècle, l'élevage des taureaux et des chevaux connaît un net déclin (voir *« La foi qui sauve les Taureaux »* et *« Crins blancs »*)

et la riziculture est à peine balbutiante (voir *« Les pieds dans l'eau, la tête au soleil »)* ; de plus, les puissantes compagnies salinières sont d'autant plus satisfaites qu'on apporte moins d'eau douce dans le delta !

Heureusement, il y a... le phylloxéra ! Cette sale petite bête venue d'Amérique et qui a ravagé tout le vignoble européen à la fin du siècle dernier ne supporte pas l'eau, et il suffit d'inonder les pieds de vigne pendant quarante jours, en hiver, pour s'en prémunir. En évitant la ruine du vignoble, voilà qui rentabilise les installations de pompage ! Mais, une fois le vignoble reconstitué dans le reste de la France, c'est, dans les années trente, la crise viticole du Midi. Puis vient la guerre et c'est l'apogée de la désertification de la Camargue.

La Camargue est sauvée

Heureusement, en 1945, on pense au riz pour participer à la solution du problème de rationnement auquel sont soumis les Français. Des milliers d'hectares sont mis en cultures, et à raison de trente mille mètres cube d'eau douce par hectare, cela fait tourner les pompes ! Cela dessale aussi les terres, car un tiers

La submersion hivernale des vignes a permis d'éviter l'invasion dévastatrice du phylloxéra de 1864, et continue de les protéger.

Le dessalement des sols, entretenu grâce à la riziculture profite aussi aux autres cultures comme le blé et le tournesol.

La vie de la Basse Camargue est maintenue artificiellement par l'homme « à coups de pompes savants et d'ouvertures de vannes subtiles ».

A côté de la salinité, la qualité bactériologique de l'eau dans ce milieu isolé est capital. Ici, les grandes surfaces planes disponibles sous le chaud soleil camarguais permettent à la commune des Saintes-Maries-de-la-Mer d'obtenir la régénération naturelle des eaux usées, activée par les algues vertes qui fournissent l'oxygène nécessaire.

de l'eau amenée s'infiltre dans le sol. Un autre tiers étant utilisé par le riz pour pousser, il reste encore pas mal d'eau pour alimenter le Vaccarès. Bravo ! Ouf ! Tout va bien, la Camargue est sauvée.

Mais, patatras ! voilà, vers 1979, la crise de la riziculture qui prive à nouveau la Camargue d'une grande partie de ses apports d'eau artificiels : le Vaccarès baisse à nouveau dangereusement et sa salinité monte brutalement. On s'attend à une catastrophe écologique : toutes les espèces d'eau douce qui s'y étaient installées depuis trente ans disparaissent ! Pour éviter un retour à la situation dramatique des années quarante, on met sur pied un plan de relance de la riziculture qui produit rapidement ses effets. Mais, en attendant, un nouvel équilibre naturel s'est établi, beaucoup plus vite que l'on ne s'y attendait, dans un Vaccarès désormais salé.

Des coups de pompes savants

Le problème est, donc, de respecter ce nouvel équilibre, tout en maintenant des apports d'eau douce suffisants dans l'île pour maintenir en état ses différents milieux et les activités qui y sont liées : agriculture, élevage, pêche, chasse, préservation des haltes pour les espèces migratrices, etc. (voir partie *« Nature »*). Cela se fait par un pilotage sophistiqué des apports et des rejets du Rhône dans les canaux, des canaux dans le Vaccarès, des canaux dans le Rhône, du Vaccarès dans la mer... en tenant compte (si possible à l'avance !), des pluies torrentielles qui font brutalement monter les niveaux d'eau douce ou des tempêtes qui provoquent des remontées importantes d'eau salée.

Ainsi, la Basse Camargue, avec son air de sortir tout droit des mains du créateur, est-elle le fruit d'un fragile équilibre maintenu à longueur d'année à coups de pompes savants et d'ouvertures de vannes subtiles.

Le littoral recule chaque année de plusieurs mètres

Mais la Camargue subit aussi les conséquences *« d'histoires d'eaux »* qu'elle ne maîtrise pas : celles des travaux menés sur l'ensemble des cours du Rhône et de la Durance, pour la navigation, pour l'irrigation et pour la production d'électricité. Ces interventions ont toutes pour effet de diminuer considérablement les apports d'alluvions à la mer et provoquent le recul de la côte, en particulier devant l'étang de Faraman, dans le golfe des Saintes-Maries, et le long de la Petite Camargue. Ainsi, l'ancien phare de Faraman, solidement implanté sur la terre ferme au milieu du siècle dernier, a-t-il été englouti par la mer en 1912, le poste de douane du Grau d'Orgon (embouchure actuelle du Petit Rhône) a subi le même sort et la compagnie des Salins du Midi constate, en 1981 : *« Des matériaux sont prélevés le long du littoral bordant les Salins d'Aigues-Mortes qui recule chaque année de plusieurs mètres : cinq mètres il y a vingt ans et plus de dix mètres aujourd'hui ; depuis environ trois ans, nous enregistrons, par endroit un recul de un mètre cinquante par mois ».*

Ainsi, l'homme vient-il d'inverser le processus d'édification de la Camargue qu'il avait enclanché voici huit mille ans. Mais le long tango du Rhône avec la mer est terminé, l'homme ne laissera pas la côte reculer à nouveau : il dispose de moyens suffisamment puissants pour lui imposer sa loi.

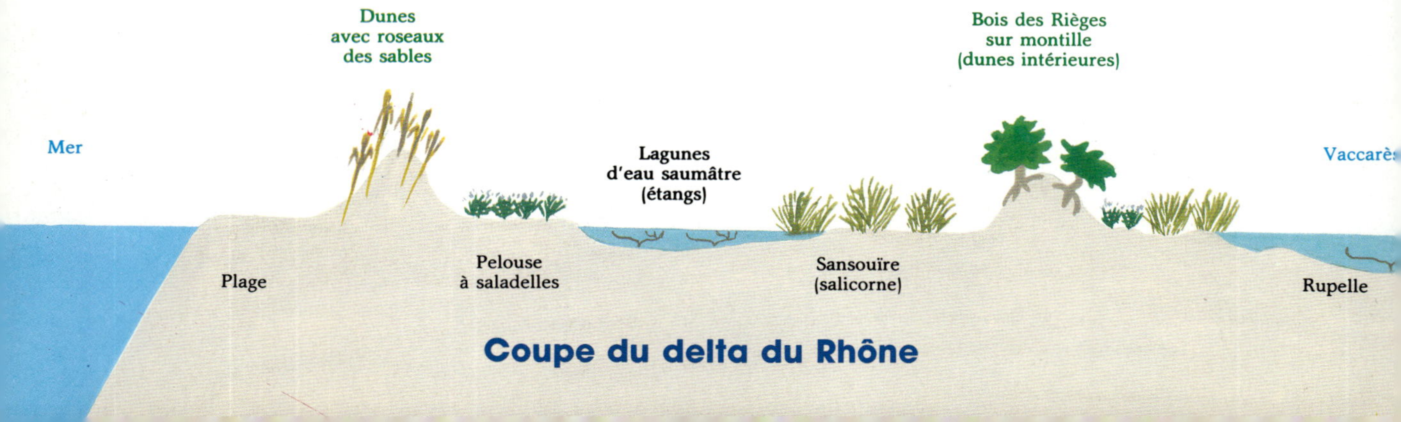

Coupe du delta du Rhône

Le nouveau phare de Faraman ne subira pas le sort du Vieux Phare, englouti par la mer à la suite du recul de la côte, car « le long tango du Rhône avec la mer » est terminé, l'homme dispose maintenant de moyens assez puissants pour imposer sa loi.

A.P.

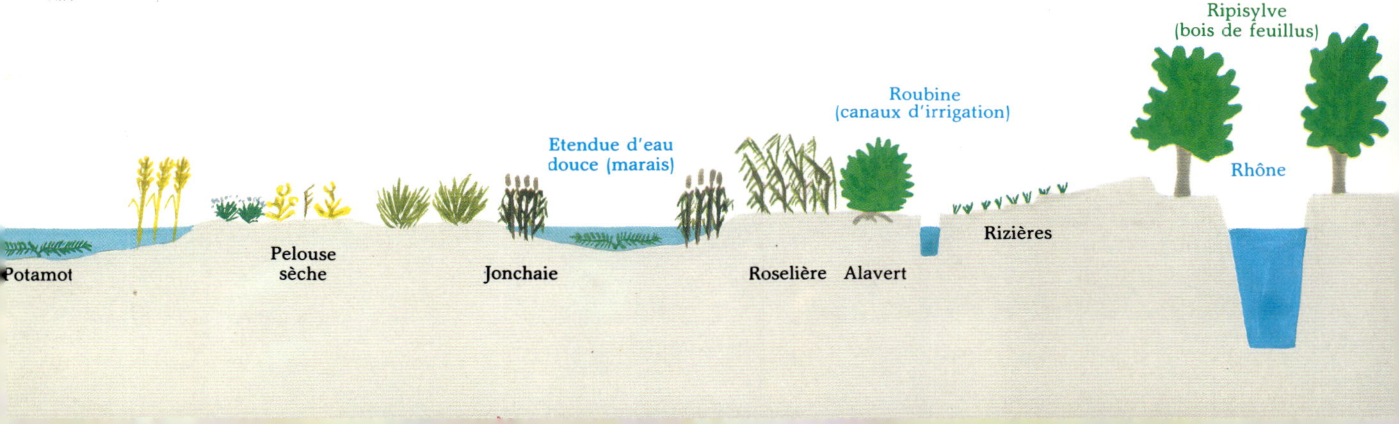

Le plat pays du sud

Rhône, mer, vent et soleil ont modelé le visage actuel du triangle compris entre Remoulins, Montpellier et Fos-sur-Mer. C'est de l'ensemble de ce vaste triangle que nous parlons tout au long de ce livre, quitte à nous faire taper sur les doigts par les puristes qui appellent *Camargue* le seul territoire délimité par les deux bras du Rhône, en y ajoutant à l'ouest, sous le nom de Petite Camargue, l'espace allant du Petit Rhône au canal de Peccais.

Au nord-ouest de notre « pays » : les Costières du Gard, avec leurs vignes, leurs arbres fruitiers et leurs villages groupés, pétris de traditions taurines. Au centre : Arles entourée d'une plaine fertilisée par les débordements du Rhône, jusqu'à St-Gilles, Beaucaire, les confins de St-Martin-de-Crau et Albaron, avec ses prairies, ses champs, ses rizières et ses mas dispersés. Au sud : une large bande, de Mauguio au golfe de Fos, résultat de l'affrontement de la montée de la mer et des apports du Rhône, semée d'étangs, de marécages l'hiver, de terres desséchées et salées l'été, animée par les dunes ou quadrillée par les marais salants, vouée à l'élevage en semi-liberté des taureaux et des chevaux, à la pêche, à la chasse et à la conservation des espaces naturels, parcourue d'échines que sont les anciens lits du fleuve et qui seules portent les cultures, l'eau douce, les routes et les habitations.

A. P.

Construite au XIIIe siècle, en plein marécages, la Tour Carbonnière était considérée comme « la clé du royaume en cette contrée » : « Aucune personne arrivant par mer ne peut se rendre sur la terre ferme si elle ne passe à travers la forteresse de la Carbonnière ». Aussi les habitants d'Aigues-Mortes s'opposent-ils en 1346, à un projet de canal d'assainissement : « Lesdits marais seraient desséchés, cavaliers et piétons pourraient les traverser librement et par suite, les ennemis du Seigneur notre Roi arrivant par mer pourraient entrer dans le royaume et l'envahir. »

Le Rhône, changeant et violent, ne permettait pas la construction de ponts fixes. Déjà, les Romains avaient établi un pont de bateaux entre Arles et Trinquetaille (et l'ont immortalisé par une mosaïque de la place des Corporations à Ostie). Plus bas, la traversée du Petit Rhône s'est longtemps effectuée à gué, comme en témoigne une inscription du Mas de Liviers commémorant le passage de Richelieu en 1642. Le pont de bateaux qui lui a succédé à Syvéréal n'a été, à son tour, remplacé par un pont suspendu, qu'en 1937.

Collection : Guy Morel.

Deux provinces pour un pays

Ce pays camarguais, né du Rhône, a longtemps été « un », car le fleuve était, bien avant qu'on écrive l'histoire de la Gaule, une voie de commerce capitale pour acheminer l'étain des îles britanniques nécessaire à tous les Méditerranéens pour fabriquer le bronze. Les Gaulois, qui tiraient un profit substantiel de ce trafic, faisaient donc du Rhône, non une frontière, mais l'artère centrale d'un de leurs territoires.

Technologie, moyens de transport, politique vont changer au cours des siècles et le Rhône va devenir une limite administrative puis une véritable frontière. Et notre pays camarguais va être partagé, voire tiraillé, puisque le Rhône en question ne cesse de changer de cours !...

Avant les Romains

IVe au VIe siècle avant J.-C. : Fondation d'Arles, des Saintes-Maries-de-la-Mer, de Nîmes, de Beaucaire et de Tarascon. Des Grecs de l'île de Rhôdes fréquentent la région et s'y installent ; ils donnent leur nom au fleuve : *« Rhodanus »*, le Rhône.
218 avant J.-C. : Hannibal traverse le Rhône avec ses 38 000 fantassins, ses 8 000 cavaliers, et ses 37 fameux éléphants sur des embarcations fournies en deux jours par les riverains.

Avec les Romains

121 avant J.-C. : les Romains occupent le sud de la Gaule : c'est « la » Province Romaine en Gaule. Ils entreprennent la construction de la Via Domitia, une route solide et sûre, du Rhône à l'Espagne. (On peut encore en parcourir certains tronçons entre Beaucaire et Nîmes).
104 avant J.-C. : Marius dans l'attente des Cimbres et des Teutons fait creuser par ses légions un canal pour pallier l'ensablement de la principale embouchure du Rhône (voir « Histoires d'Eaux »).
56 avant J.-C. : les Gaulois romanisés de la Province fournissent à César des troupes pour la conquête du reste de la Gaule.
49 avant J.-C. : Arles fournit douze « vaisseaux longs » à César qui va prendre Marseille, dernière cité grecque indépendante.
46 avant J.-C. : César fait d'Arles une colonie pour les vétérans de la VIe légion, dont l'emblème est le taureau.
27 avant J.-C. : Auguste visite la Province, lui donne Narbonne pour capitale : elle devient la Narbonnaise.
20 avant J.-C. : début de la construction de la Maison Carrée de Nîmes.
12 avant J.-C. : ouverture de la Via Julia Augusta, prolongement de la Via Domitia du Rhône à l'Italie, par Tarascon, St-Gabriel et Aix-en-Provence.
137 après J.-C. : avènement d'Antonin le Pieux, empereur romain de famille nîmoise.
212 après J.-C. : tous les hommes libres de l'Empire deviennent citoyens romains.
297 : réforme administrative de Dioclétien. **Pour la première fois le Rhône devient une limite entre deux provinces :** la Narbonnaise Première à l'ouest et la Viennoise à l'est.
395 : Arles, résidence impériale, devient la capitale politique des Gaules et jouit d'une très grande prospérité (voir « Histoires d'Eaux »).

Après les Romains

436 : les Wisigoths occupent la Narbonnaise Première (encore appelée Septimanie) qui fait dorénavant partie du **royaume wisigothique**, prospère et très romanisé.

480 : après plusieurs tentatives, les Wisigoths occupent Arles et le sud de la Durance.
507 : les Wisigoths se retirent à l'ouest du Rhône. Les Ostrogoths les remplacent.
537 : les Francs (beaucoup plus barbares que les Wisigoths et les Ostrogoths) atteignent la Méditerranée par la Vallée du Rhône et occupent ce qu'on appelle de nouveau *Provincia* : la Provence. Malgré tous ces « va-et-vient » St-Césaire, évêque d'Arles de 503 à 543, maintient une certaine unité dans **une communauté précocement et fortement christianisée.**

Avant les Français

719 : les Arabes occupent la Septimanie. Chute du royaume wisigothique qui aura duré trois siècles.

736-39 : Charles Martel doit soumettre les Provençaux qui ont pris le parti des envahisseurs arabes.

751 : la Septimanie et la Provence sont rassemblées au sein du royaume puis de l'empire franc.
843 : partage de l'empire Carolingien : **le Rhône devient une frontière politique.**

Ouverte par les bras du Rhône à toutes les invasions la Camargue a été parsemée de tours de toutes époques, édifiées sur leurs rives.
Ici la tour d'Amphoux, construite au XVIe siècle près de la « brassière » de Montlong.

855 : premier royaume de Provence.
860 : les **Normands** venus par Gibraltar utilisent le Rhône pour mener leurs expéditions vers l'intérieur.
869 : incursions des **Sarrasins**, qui ont une base d'opérations en Camargue ; enlèvement de l'évêque d'Arles après un combat meurtrier (300 morts).

918 : le pouvoir sur le Margraviat (marquisat) autonome de Gothie (ancienne Septimanie) échoit à la **famille de St-Gilles, comtes de Toulouse.**

947 : Royaume de Bourgogne-Provence ou Royaume d'Arles.
1125 : le comte de Barcelone reçoit les terres entre Rhône, mer et Durance : Raimond Bérenger 1er établit sa résidence en Arles.

Pour ou contre les Français

1209-29 : croisade contre les Cathares (dite **croisade contre les Albigeois**) menée par Simon de Montfort, un petit seigneur d'Ile-de-France. Après sa mort le roi de France Louis VIII intervient directement et s'empare d'une partie du Languedoc, dont la sénéchaussée de Beaucaire (avec Nîmes) qui est rattachée directement au domaine royal.

1244 : édification des remparts des Saintes-Maries-de-la-Mer par Raimond Bérenger V, dernier membre de la dynastie catalane régnant sur la Provence.
1246 : avènement de la Maison d'Anjou en Provence.

1248 : **Saint-Louis fonde Aigues-Mortes** à la fois port de mer, son seul débouché sur la Méditerranée qui servira pour l'embarquement des croisés, et port intérieur qui va contrôler le trafic commercial du Languedoc depuis Agde par les étangs, avec l'intérieur de la France par St-Gilles, Beaucaire et le Rhône.

1270 : extinction de la famille de Saint-Gilles, à la mort de la fille de Raimond VII comte de Toulouse. Comme elle avait épousé le frère de Saint-Louis, tout le Languedoc revient au domaine royal.

1286 : établissement de l'Assemblée des Etats de Provence, qui va consentir des impôts et même légiférer pendant près de deux siècles.
1343 : avènement de Jeanne 1re d'Anjou, reine de Naples, comtesse de Provence (la fameuse **Reine Jeanne**, mariée quatre fois, soupçonnée d'avoir fait exécuter son premier mari et mise à mort sur l'ordre de son cousin et successeur). Elle vend la seigneurie d'Avignon au pape.
1471 : après deux invasions de la Camargue par les Catalans, René d'Anjou, **« le Bon Roi René »**, décidément malheureux en politique, se retire au **château-fort de Tarascon** qu'il a fait achever **face à celui de** Saint-Louis, à **Beaucaire, sur l'autre rive du Rhône.** Il s'y entoure d'artistes et pratique le dessin, la peinture et la poésie.

1481 : Charles III, son fils, dernier comte de Provence mourant sans héritier, lègue ses droits à **Louis XI roi de France**, qui **règne désormais sur les deux rives du Rhône.**

Quant à la possession du Rhône lui-même et des îles qu'il enserrait, elle avait été pendant des siècles le sujet de grands débats et de petites mesquineries entre les maîtres du Languedoc et ceux de la Provence, ainsi qu'en témoigne, par exemple, l'enquête contradictoire effectuée par un notaire de Tarascon en 1306 :

« L'île de Stel située dans le territoire de Notre-Dame de la Mer (Les Saintes-Maries-de-la-Mer) *appartient au Comte de Provence puisqu'il y perçoit les droits de pêche, de bris et de naufrage »* (!). En effet renchérissaient les tenants du Comte de Provence : *« Quand les Français veulent y pêcher, on les chasse et on leur enlève leurs filets ».*

Pas du tout rétorquaient les partisans du Languedoc : *« La Maison de St-Gilles avait ses pâturages dans cette île qui lui appartenait »* et d'ailleurs : *« Les officiers de la Justice d'Aigues-Mortes y exercent leur juridiction et y ont fait brûler une femme il y a quelques années ».*

Finalement la limite des provinces fut établie le long du Rhône de Peccais et du Grau Neuf ouvert artificiellement en 1532. Et lorsque vingt ans plus tard le Petit Rhône envahit la roubine (canal) creusée par les habitants des Saintes-Maries, qui devient son cours actuel, par le Grau d'Orgon, on ne revint pas sur la question : voilà pourquoi la limite entre les départements du Gard et des Bouches-du-Rhône (et entre les régions Languedoc-Roussillon et Provence-Alpes-Côte-d'Azur) suit scrupuleusement le Rhône... sauf entre Sylvéréal et la mer !...

La fé di bioù

La foi qui sauve les taureaux

LA FE DI BIOU

L'attachement presque viscéral des Camarguais à leurs taureaux, se nomme ici : la « fé di bioù », littéralement « la foi dans le taureau », sachant que le mot « bioù », et donc sa traduction « taureau », englobe tous les représentants de la race, les mâles entiers, mais aussi les femelles et les mâles « bistournés » (c'est-à-dire castrés), qui sont les plus nombreux. Ils sont souvent qualifiés de « sauvages », par opposition aux bœufs « domestiques », parce qu'ils vivent et se reproduisent en plein air, prairie ou marais selon la saison. Les tentatives pour les mettre sous le joug se sont toujours soldées par un demi-échec : ils travaillaient deux fois moins que les mules, encore fallait-il trouver « *de bons valets qui veuillent s'assujétir à les conduire* » !

L'aurochs des peintures rupestres

En fait, d'aucuns vous diront que la seule finalité du taureau Camargue, caractérisé par son agilité et dont on ignore véritablement l'origine, est « *la Course* » : fin et haut sur pattes, quoique de taille moyenne, (1,30 m environ pour un poids de 300 à 450 kg pour les mâles et 200 à 270 kg pour les femelles) il est très mobile et capable de soutenir le galop d'un cheval sur de longues distances. Son poil généralement noir, plus fourni sur la tête et les épaules, devient une véritable fourrure en hiver ; il évoque alors irrésistiblement le grand aurochs des peintures rupestres (représenté en compagnie de petits chevaux), auquel certains l'apparentent directement. Mais le caractère qui permet à tous de distinguer le taureau Camargue au premier regard c'est la taille et la forme majestueuses de ses cornes dressées vers le ciel, en lyre ou en gobelet, selon le sexe et la lignée, extrêmement effilées généralement blanches à la base et noires vers la pointe. Et ce qui explique peut-être, la fascination qu'il exerce sur ceux qui l'approchent, c'est son regard de jais qui semble si pénétrant.

A. P.

Les taureaux vivent en semi-liberté dans une « manade » dont le propriétaire s'occupe personnellement à moins qu'il ne délègue ce rôle à un « baile gardian ». La garde quotidienne est assurée par les « gardians » à cheval, chargés de regrouper les bêtes, de les trier, de les amener d'un pâturage à l'autre. Ils sont aidés dans leur tâche par le « dountaire » ou « simbeu », un taureau choisi pour ses qualités naturelles d'entraîneur et dressé pour mener les autres ; il porte toujours au cou une sonnaille.

DE L'ANTIQUITE...

Le mot « manade », qui désigne le troupeau de taureaux (ou de chevaux) et par extension l'ensemble de l'élevage, avec son personnel et ses terres, n'est reconnu, en français, que depuis 1867. Mais ce qu'il recouvre existe depuis l'antiquité et semble-t-il avant même l'arrivée des Romains puisqu'un numismate a cru reconnaître, sur une pièce de monnaie gauloise, un taureau camargue et même un « dountaire », avec son grelot. De l'époque romaine à la fin du Moyen-Age, on suit à la trace dans les actes offi-

Quelques taureaux de la manade Saumade au bord du Vistre.

Les cornes, principale parure du camargue apparaissent très jeune. Celles des mâles ont généralement les pointes dirigées vers l'intérieur, « en gobelet » plus ou moins ouvert. La double courbe « en lyre », avec les pointes vers l'extérieur est souvent l'apanage des femelles, comme l'« enbannage » (le cornage) de Jacotte de la manade Margé.

Le trident autrefois appelé ficheron (« ficheiron » en provençal) et aujourd'hui souvent le « fer », est l'outil des gardians depuis des temps immémoriaux. Sa forme actuelle, à la fois efficace et esthétique, est le fruit d'une longue évolution.

A.P.

ciels, l'existence de ces troupeaux de bêtes bovines et « rossatines » (les chevaux).

« Imprimer la marque des Maîtres en la fesse des taureaux »

Et puis, en 1551, Pierre Quiqueran de Beaujeu, un Arlésien monté à Paris, y publie un ouvrage sur le delta de Camargue, son pays natal, qu'il appelle l'« Ile d'Arles ». Celui-ci, dit-il « *nourrit plus de 4 000 juments et pas moins de 16 000 bovins* », et il se plaît à décrire le mode de vie de ceux qui les élèvent : « *de tous les divertissements, le plus célèbre est celui qui se prend au temps d'imprimer avec un fer rouge la marque des Maîtres en la fesse des taureaux les plus grandelets* ».

Et de nous relater par le menu la « ferrade », et, surprise ! à peu de chose près telle qu'elle se déroule encore aujourd'hui...

... avec **les gardians armés du trident** : « *une longue hampe de bois équipée d'un fer à trois pointes, celles des côtés plus longues que celle du milieu de deux doigts environ, de sorte que, quels que soient les coups qu'on porte aux taureaux ils n'en sont point blessés profondément* »..

... **le triage des jeunes taureaux** : « *les piqueurs* (les gardians à cheval munis du trident) *s'en vont au petit pas vers le gros du troupeau, le vacher* (le « baile gardian ») *assignant à chacun l'animal qu'il doit entreprendre ; et l'ayant bien regardé entre les deux yeux, chacun fonce soudain vers le sien et le sépare de la troupe en lui fermant le pas avec le trident, lui ôtant ainsi tout moyen de rejoindre les autres* »...

... **le marquage** : « *le jeune taureau œilladant les gens à pied, se rue impétueusement sur eux, notamment s'il en aperçoit un se détachant du groupe pour venir l'affronter. Et il n'en manque pas, chacun estimant perdre l'honneur si pour ce faire il avait un compagnon. Ayant repoussé le taureau d'un grand coup du trident qu'il lâche aussitôt, l'homme saisit la corne gauche de l'animal et en lui tirant le pied de devant qu'il empoigne avec la main droite, le pousse de l'épaule et l'abat d'une si rude secousse que la terre en retentit du coup* (il s'agissait alors de taureaux âgés de deux à trois ans). *Là accourent tant ceux qui doivent retenir la bête, faisant tous ses efforts pour se démêler et se relever, que ceux qui portent le fer à marquer, tout rouge du feu. Et sur le champ, on le marque, comme dit le poète, du nom et des enseignes de la famille* »...

H.S.

Les gardians à cheval amènent l'« anouble » qu'ils viennent de trier jusqu'auprès du feu où rougissent les fers. Là, il sera terrassé par les assistants à pied...

C.I.

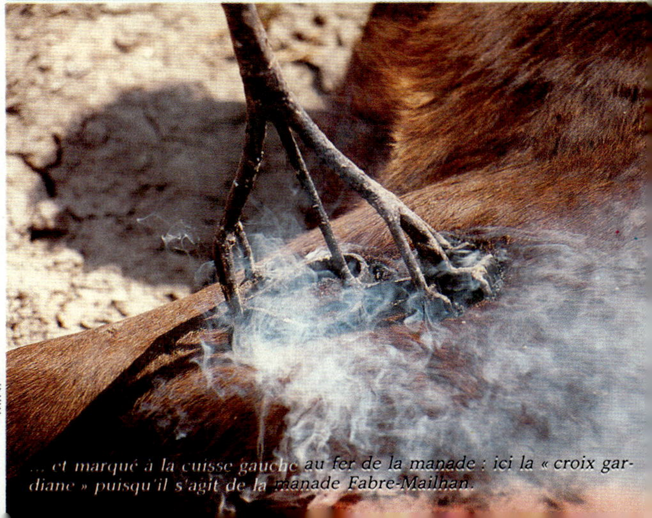

... et marqué à la cuisse gauche au fer de la manade : ici la « croix gardiane » puisqu'il s'agit de la manade Fabre-Mailhan.

M.N.

A.P.

Un autre moyen de reconnaissance indélébile est pratiqué au moment de la ferrade, c'est l'escoussure : découpe particulière des oreilles qui permet par la suite à un œil excercé de repérer facilement un intrus dans une manade.

... **le repas et l'arrivée du taureau pour la course** : « *Toute la matinée employée à marquer ces jeunes bêtes, le festin s'apprête, et les invités ne pensent qu'à s'amuser. Le vin, les viandes et le soleil leur donnent déjà sur la tête, de sorte que n'y tenant plus, ils crient tous d'une seule voix qu'on fasse venir le taureau. Donc les piqueurs remontent sur leurs chevaux, et par une rude charge de trident on sort du troupeau le plus farouche des taureaux qui se puisse choisir. Un escadron de gens à cheval l'investit et l'enserre de tous côtés, et vous l'amène ainsi tout doucement : ce n'est que pour le faire arriver plus frais au lieu où il est attendu.* »

... et **la course telle qu'on la pratiquait à l'époque** : « *Voilà qu'on pousse cet animal plein de fougue, écumant de rage de se voir amené si près de ces hommes. Et en redoublant le pas, on le précipite à force de coups dans la foule des piétons. Le taureau couvert de blessures et sans pour autant perdre de sa fougue, abat, renverse, jette à terre tout ce qu'il rencontre. Du côté des hommes, l'un a rompu son trident dont le fer tient encore aux naseaux de l'animal et se trouve ainsi désarmé ; à l'autre, la hampe, après avoir joué une bonne heure, lui tombe des mains. Bref, chacun est contraint de subir le même risque.* »

« Si vous mettez à part le risque de la vie »

Et Messire de Beaujeu de conclure sur les avantages sportifs des jeux taurins : « *Cette sorte de récréation, jadis très familière aux empereurs romains, lorsque dans le cirque ils faisaient courir les taureaux par des chevaliers de Thessalie, donne aujourd'hui à notre jeunesse, si vous mettez à part le risque de la vie, non seulement du plaisir, mais de l'avantage pour la santé. Car, outre l'assurance d'être bien à cheval, qu'on ne saurait acquérir par un meilleur moyen, les membres du corps en deviennent plus robustes et prennent une certaine habitude qui leur profite grandement.* »

Voilà donc bien établie, expliquée et justifiée aux Parisiens, au milieu du XVIe siècle, une tradition qui parviendra presque telle quelle jusqu'à nous. Seule la description de la course diffère sensiblement de ce qu'elle est aujourd'hui, (voir plus loin *La Course Camarguaise*) mais elle est fidèle à ce qu'on organisait dans les villages aux XVIIe et XVIIIe siècles, et proche de « l'attente au fer », qui se pratique toujours pour apprendre aux taureaux récalcitrants à craindre le trident.

Collection Jean-François

La vie d'une manade au XIXᵉ siècle, avec : la ferrade (2) et la pose, pour le sevrage, du « mourrau » (3), une planchette de bois de saule suspendue aux naseaux du veau, qui l'empêchait de têter mais pas de brouter et tombait d'elle-même par pourrissement au bout de deux mois ; le tri (4) ; une « gasado » traversée d'un fleuve à la nage (5) ; la course au village (6) où la cocarde sur le front du taureau était encore semblable à ce qu'elle était au XVIIIᵉ siècle.

Autour de l'obélisque romain

Lorsque sous Louis XV les Arlésiens reçoivent le duc de Villars, gouverneur de Provence, que font-ils ? Ils lui offrent une course de taureaux, sur la place de l'Hôtel de Ville, puisque les arènes sont habitées autour de l'obélisque romain où brille le soleil de Louis XIV.

On ajoute même quelques fantaisies pyrotechniques en son honneur : *« La place était barricadée en amphithéâtre et garnie d'un peuple immense ; les taureaux avaient été renfermés le matin sous l'arc de l'archevêché. Les cornes du premier avaient été garnies de deux grosses fusées volantes avec divers pétards, les autres étaient ornées de cocardes. M. le Duc en parut satisfait : du haut du balcon de l'Hôtel de Ville, il jeta au peuple pour six à sept cents livres de monnaie. »*

Lorsque sous le Directoire les Arlésiens reçoivent Louis Fréron, Commissaire du Gouvernement, que font-ils ? Ils lui offrent une course de taureaux, sur la place de l'Hôtel de Ville, puisque le arènes sont toujours habitées, autour de l'obélisque où... un grand bonnet phrygien a remplacé le soleil louis-quatorzien. On ajoute même un intermède politico-burlesque en son honneur : deux taureaux sont lachés en même temps sur des mannequins grotesques caricaturant les députés d'Arles depuis le 9 thermidor, et s'acharnent dessus, pieds et cornes. Tout le monde a bien ri et Fréron le premier, rapportent les chroniques du temps.

Une course avec le trident au début du XIXᵉ siècle. Collection Jean-François

Interdictions et subterfuges

Mais, dès avant la Révolution, on commence à s'inquiéter en haut lieu de la menace pour l'ordre public que représentent ces courses, qu'on organise dans tous les villages à la moindre occasion, où quiconque peut se mesurer aux taureaux à l'aide d'un trident ou d'un chapeau, sur une simple place fermée par quelques charrettes. Les interdictions commencent alors à pleuvoir, avec parfois des périodes d'accalmie. Interdiction de faire entrer du bétail dans les villages... Interdiction d'organiser des courses... Interdiction de déplacer du bétail à pied sur les voies publiques...

Elles vont devoir se succéder pendant un siècle et demi car les Camarguais usent de tous les subterfuges pour profiter quand même de leurs jeux taurins ; on ne peut empêcher, n'est-ce pas, les bouchers d'acheter du bétail sur pied et ce n'est pas leur faute si des inconnus enfoncent les portes de leurs cours et font échapper les bœufs... d'ailleurs, ils prennent toutes les précautions nécessaires pour amener les bêtes en ville : ils les attachent par les cornes avec une corde... un peu longue... parfois très, très longue et le public au passage trouve à s'en amuser ; c'est la naissance de la tradition de la « bourgino », du nom de la corde en question, tradition qui se maintiendra jusqu'au milieu du XXᵉ siècle.

Ce sont les maires qui ont la position la plus inconfortable ; ils doivent continuellement servir de tampon entre les autorités et leurs administrés et tour à tour sévir ou fermer les yeux, modérer, tolérer ou couvrir les ardeurs taurines de leurs administrés, que du reste ils partagent la plupart du temps.

Avant la couleur, les premiers instantanés d'une

Manade de M. le Marquis de Baroncelli-Javon : le taureau étalon Revenge, type très pur de race camargue.

La ferrade.

L'arrivée des taureaux au toril du « plan » des Saintes-Maries-de-la-Mer.

Gardians conduisant un troupeau de taureaux. Manade de M. le Mar[illegible] de Baroncelli-Javon.

tradition séculaire.

Après la ferrade. Farandole populaire.

Abrivado. Gardians conduisant une course de taureaux.

a bête fait le vide en chargeant le long des charrettes. Elles servent de radins pour ces dames et leurs roues de marche pour les raseteurs.

Aigues-Mortes. Une course de taureaux provençale.

Collections : Guy Morel - Roland Jolivet.

J.M.R.

Aujourd'hui la cocarde que l'on mettait au front du taureau aux XVIIIe et XIXe siècles est passée sur son dos et s'appelle la « devise » : elle désigne par ses couleurs la manade à laquelle appartient l'animal (blanc et bleu foncé : manade Max Niquet) ; et ce qu'on appelle maintenant « cocarde » et qu'il s'agit d'attraper, c'est le petit morceau de ruban rouge placé entre les cornes !

Rire et se faire peur

Outre le frisson que se donnent ceux qui descendent sur la piste, le maître-mot est toujours *amusement*. Au cours du XIXe siècle, l'imagination des organisateurs suit même le modernisme : on peut voir, par exemple, des vélocipèdes face aux taureaux... Et malgré les aléas, malgré les alternances de périodes de tolérance et d'interdictions, des arènes, maçonnées ou démontables, fleurissent un peu partout.

En piste, le « dountaire » ou « simbeu » est chargé de ramener les taureaux de course au toril, ce qui n'est pas toujours évident. Là aussi, il en est de remarquables. Un ancien gardian de la manade Laurent raconte : « Dès que nous étions obligés d'entrer en piste avec le « fer » (le trident) pour rentrer un taureau récalcitrant, « Prince », un « simbeu » qu'avait formé Justin Bonafous, se collait contre le cocardier, toujours entre lui et le gardian, faisant ainsi à l'homme un rempart de son corps, sécurité que nous savions apprécier, et il poussait le taureau jusqu'à le faire rentrer, souvent sans que nous ayons à faire usage du trident. »

A.P.

Il faut dire que les accidents, et les déprédations ne sont pas rares. Et les « bioù » de Camargue ont, hors des villes de tradition taurine, une réputation terrible. L'anecdote qu'aimait à raconter Christophe Yonnet, aïeul de l'actuel manadier en témoigne. Une nuit de 1872 il menait, à cheval, avec quelques gardians et le « dountaire », un « carnage » (taureaux destinés à la boucherie) à Toulon.

On n'avait à l'époque aucun autre moyen de transporter le bétail et comme il devait traverser Marseille il avait choisi de le faire de nuit, par les rues désertes, comme à l'accoutumée. La route était longue, et le « dountaire », apercevant une lueur au fond d'une impasse se crut arrivé. Au lieu de suivre le cavalier de tête, il fonça vers la lumière, suivi des autres bêtes. Ce qui l'avait attiré était le fournil d'un boulanger qui pétrissait à bras sa pâte pour la fournée du lendemain. Entendant la galopade et la sonnaille du dompteur, il cria :

Dressé et muni de la sonnaille, le « dountaire », comme on dit en Provence, ou « simbeu », comme on dit en Languedoc, obéit aux ordres et entraîne les autres. Toutes les manades ont leurs histoires de « dountaires ». Autrefois lorsqu'on n'avait pas de camions, les taureaux traversaient les cours d'eau à la nage, pour passer d'un pâturage à l'autre. Le courage de « Frisa », le « dountaire » de Christophe Yonnet qui fit traverser le Grand Rhône à toute la manade en deux fois est devenu légendaire : il traversa à la tête

M.N.

— Qu'est-ce qui se passe ?
— C'est les « bioù » répondit le gardian.
— Mais... les « bioù » d'Arles ? !

A la réponse affirmative du gardian, il ne trouva d'autre refuge que son pétrin et plongea dans la pâte à pain, pour n'en ressortir que lorsque tout fut redevenu calme dans l'impasse.

... AU XXe SIECLE

L'absence de reconnaissance et donc de structuration des activités taurines, la poussée d'un certain « progrès » de l'agriculture, ont amené, au tout début de ce siècle, une période très difficile pour l'identité camarguaise : on croisait les taureaux camargue avec des espagnols, les chevaux avec des anglo-arabes, et on a même envisagé d'assécher le Vaccarès !

Un artistocrate florentin tombé amoureux de la Camargue

Le sursaut est venu d'un regard neuf, celui du Marquis de Baroncelli, qui s'est battu pour conserver aux taureaux et aux chevaux la pureté de leur race, en faisant son propre élevage à partir d'individus préservés, et à la Camargue son environnement, en réclamant dès 1922 le classement de son patrimoine naturel et la création d'un Parc National.

Robert Margé, un jeune manadier d'aujourd'hui parmi d'autres, nous raconte, avec ses mots, *sa* Camargue et ses héros ;

« Folco de Baroncelli est un aristocrate florentin, qui, à la fin du XIXe siècle est tombé amoureux de la Camargue, de cette terre sauvage de chevaux et de taureaux. Et il a voulu vraiment vivre cette vie de gardian qui a toujours été très dure. La « Confrérie des Gardians » qui existe depuis 1512, a été créée notamment pour venir en aide aux victimes d'accidents de ce métier dangereux : chutes de cheval, coups de cornes etc. c'étaient les premiers mutualistes !

du premier groupe de taureaux, puis, après un bref repos revient seul dans l'autre sens, sur l'ordre du gardian, et traversa une troisième fois à la tête du second groupe.

DCD

Maintenant, à cet endroit même, où le fleuve mesure plus de 400 m de large, il y a un bac qui vous permettra de traverser au sec et de mesurer, à la violence du courant, l'exploit de « Frisa ».

B.P.

(Collection Guy Morel)

Le Marquis Folco de Baroncelli-Javon, « Lou Marquès », fondateur de la « Nacioun Gardiano », grand défenseur de l'identité camarguaise.

Quant Baroncelli a entrepris son action, il a amené dans son sillage une certaine élite influencée par Frédéric Mistral, le grand défenseur de la culture provençale. Il y avait, par exemple le poète Jousè (Joseph) *d'Arbaud, celui qui a le mieux transcrit notre métier : quand je lis aujourd'hui « La Garde d'Hiver », « La prière du Garde-Bête », et son œuvre « La bête du Vaccarès », je me dis qu'il a dû garder lui-même les taureaux tous les jours pour écrire ça, tellement c'est beau et tellement c'est vrai. Et tout ce monde-là, intellectuels et gardians mélangés, se retrouvait à table dans les grands mas, comme chez Mademoiselle Fanfonne Guillierme. Baroncelli, qui a voué sa vie entière à la Camargue a voulu donner à notre métier ses lettres de noblesse ; c'est lui qui a créé le costume de gardian : pantalon de peau de taupe beige et veste de velours noir à soutaches, chemise de couleur et chapeau à large bord. Beaucoup d'« afeciouna » (amateurs de taureaux) le portent aujourd'hui, alors que peu de gardians de métier l'ont porté à l'époque : ils s'habillaient tout simplement comme les ouvriers agricoles de leur temps. Parce que nous, les gardians, nous sommes des bergers à cheval, rien de plus : les bergers ont leurs chiens, nous, nous avons nos chevaux. »*

Je suis le patron de ma manade

Il nous raconte aussi sa vie de jeune manadier issu d'une vieille famille de viticulteurs de Celleneuve, un ancien village devenu depuis longtemps un faubourg de Montpellier, mais où on faisait courir des « biou », une fois par an environ lorsqu'il était enfant. A vingt-quatre ans, il quitte la ville avec pour toute fortune une « fé di biou » terrible et s'installe, dans un mas isolé au milieu des pâturages. Neuf ans après il se trouve à la tête d'une belle manade, dont il espère beaucoup :

« Une manade, n'est jamais l'œuvre d'une seule personne. Moi, je suis le patron de ma manade, mais sans les gens qui m'entourent, je ne deviendrais pas ce que je deviens (un manadier reconnu par ses pairs les plus prestigieux). *Avec moi , il y a mon frère qui, depuis huit ans, ne compte ni son travail ni sa peine, il a autant la passion que moi. Il y a mon gardian salarié, Patrick, un garçon bourré de qualités. Il y a ma femme qui tient une part très importante, parce que, pour « donner la main »* (aider aux tâches qui demandent un certain nombre de personnes), *nous avons, le week-end, des gardians amateurs* (ce qui est le cas de toutes les manades) *et, bien sûr, à midi il faut faire manger tout ce monde-là ; quand il y a des ferrades avec repas, c'est elle qui s'en occupe, et en plus de ça, à l'époque du foin, il faut conduire un tracteur : elle conduit un tracteur, il faut « endéner » le foin* (lorsqu'il est coupé et séché, le rassembler en lignes parallèles) *: elle « endène » le foin* (celui-ci est ensuite engrangé et apporté comme nourriture d'appoint en hiver, en fonction de l'état des pâturages), *le reste du temps si nécessaire, elle prend son tour à la garde des bêtes, s'il faut trier, elle trie... elle fait tout le travail que font les hommes dans la manade, en plus du sien ; ce qui n'est pas le cas de toutes les femmes de manadiers... de certaines, mais pas de toutes.*

Elle vous dit : « Boudiou, on mangera toujours... »

Et puis, il y a l'esprit d'équipe. Nous sommes très peu de manadiers à ne vivre que de la manade. Moi j'ai commencé sans rien, uniquement avec des emprunts : il faut tenir le coup, il faut payer ses dettes, et le soir, quand il y a des problèmes d'argent, au lieu d'avoir une femme

D.A.

Aux Saintes-Maries-de-la-Mer, sa tombe où il repose entre son cheval sellé et son meilleur taureau enterrés debout, est honorée chaque année au mois de mai au cours d'une journée commémorative.

qui vous tarabuste, et qui vous dit : « On n'a rien comme tout le monde » etc. elle vous dit : « Boudiou, c'est pas un problème, on passera, on mangera toujours... », le lendemain vous vous levez, vous avez envie d'abattre une montagne.

Il y a des femmes, comme Fanfonne Guillierme, la grande dame de la « bouvino », ou comme Nicole Rébuffat à la mort de son mari, qui se sont trouvées à la tête d'une manade, et l'ont menée de main de maître. Le problème de la succession est très important : quand on a voué sa vie à quelque chose, on a envie que quelqu'un prenne la suite dans le même esprit. Mais des taureaux, ça ne se laisse pas comme une terre ou une maison ; des taureaux, pour bien les élever il faut les aimer. Si mon fils les aime, ce sera extraordinaire ; pour le moment, il a l'air d'être bien parti, mais il n'a que quatre ans... (il monte à cheval, suit son père partout, connaît chacun des sept « simbeu » par son nom, et même certaines des plus vieilles vaches...). *Sinon, ce sera pour moi une déception énorme, parce que le travail que je fais là, et que je vais faire pendant vingt ans, c'est pour qu'il puisse en récolter les fruits : les grandes manades sont nées de la continuité dans les hommes. »*

B.P.

C.I.

A une époque où la place des femmes de sa condition était au salon, Fanfonne Guillierme la « Grande Dame de la Bouvino », ne s'est pas contentée d'être une égérie : elle a été « manadier » à part entière, sillonnant la Camargue à cheval en toute saison, faisant avec ses gardians Jacques et Armand Espelly sa part des travaux quotidiens, ramassant les veaux en difficulté qu'elle appelle encore « ses enfants » et pleurant ses cocardiers arrivés au terme de leur vie. En 1985, elle a fêté ses 90 ans et continue de professer bien haut son amour de la Camargue.

Manade Blatière. C.I.

Manade Margé.

A.P.

Avec le gardian salarié et les gardians amateurs, (des amoureux du taureau qui ont leur propre cheval dressé, et viennent « donner la main » le week-end), les opérations de tri n'ont pas changé depuis le Moyen-Age : isoler l'individu choisi, l'empêcher de rejoindre les autres et le diriger vers un solide enclos.

Manade Fabre-Mailhan.

Manade Lafont.

A. P.

Manade A. Espelly.

S'il s'agit de trier une course, c'est vers le « char » : le camion spécialement aménagé, que sera ensuite chassé le groupe de taureaux au galop.

C'est à plat ventre sur le toit à claire-voie du « char » que les gardians attachent les taureaux, puis les « emboulent » ou les « encocardent ». C'est même souvent dans cette posture qu'intervient le vétérinaire pour les vacciner car c'est un des seuls moyens de les approcher sans risque.

La capelado

C.I.

LA COURSE CAMARGUAISE

Une grande manade, c'est une manade dont les taureaux se sont illustrés dans l'arène. Car le spectacle taurin est depuis longtemps la raison d'être de l'élevage des taureaux camargue : la production de viande de boucherie (à la saveur bien particulière) et la fabrication du fameux saucisson d'Arles (moitié porc moitié taureau), ne sont plus qu'accessoires.

Pour bien suivre notre manadier, il faut donc préciser ce qu'est devenue la course que nous avons laissée bien controversée, à la fin du siècle dernier. Depuis, le monde de la « bouvino » (tout ce qui touche au taureau) s'est organisé et a lui-même pris les mesures réconciliant traditions et sécurité.

Des règles précises

La course libre, où tout le monde faisait un peu n'importe quoi avec les taureaux, est devenue la Course Camarguaise, avec ses règles précises : un à un, six taureaux de cinq ans et plus, sont lâchés dans une arène pendant quinze minutes. Chacun porte une **« cocarde »** (petit morceau de ruban rouge) au milieu du front et un **« gland »** (petite touffe de laine blanche) sous chaque corne, attachés avec de solides ficelles. Les **« raseteurs »**, assistés de leurs « tourneurs », tous en tenue blanche, doivent leur ravir un à un tous ces attributs, ficelles comprises. Tandis que les « tourneurs » (littéralement : les détourneurs) attirent l'attention du taureau, un « raseteur », muni du **« crochet »**, s'élance, pour l'action centrale de la Course Camarguaise : le « raset ».

Rémy Loury, journaliste de la presse régionale, décrit, ébloui, le raset de Christian Chomel, star incontestée des As du Crochet : *« La course, d'abord, superbe, rectiligne. Puis la ligne droite qui s'incurve pour rejoindre la trajectoire du taureau. L'instant du face à face où toute durée est abolie. La main lancée, efficace, précise. Et puis la figure centrale de ce ballet qui explose et c'est la poursuite éperdue vers les planches, main en arrière pour contenir la charge du fauve. »*

Mais, sur les pistes, les vedettes sont le plus souvent les taureaux : leurs belles actions sont ponctuées d'un extrait de « Carmen », leurs noms sont à l'affiche et passent à la postérité. On leur élève parfois des monuments, et quand ils meurent souvent, par respect, on les enterre debout.

Les taureaux ne sortent cornes nues que devant des professionnels dûment reconnus et dans des arènes munies de solides barrières en planches derrière lesquelles ils peuvent se réfugier d'un bond. Dans tout autre circonstance les taureaux sont « emboulés » : leurs cornes sont munies de boules de métal ou recouvertes de gaines de cuir.

DANS LES RUES

« Autrefois, raconte notre jeune manadier, *les cocardiers se menaient à cheval du « pays »* (du pâturage) aux arènes de la ville ou du village : c'était l'**« abrivado »**. (Voir la description de l'arrivée du taureau par Quiqueran de Beaujeu, déjà...). *Mais à la fin du siècle dernier, les manadiers ont commencé à utiliser des chars tirés par des chevaux, pour épargner les taureaux qui devaient faire leur course l'après-midi : le renom de la manade en dépendait. Pour maintenir la tradition, quand le marquis de Baroncelli menait une course quelque part, c'est la manade Grand-Guillierme, qui faisait l'« abrivado » parallèlement à la course. Il y a donc des taureaux d'« arrivée », comme il y a des taureaux de course.*

Si vous voulez voir une « abrivado » vraiment traditionnelle, il faut aller dans les prés du Cailar le jour où on mène les taureaux à la fête de Vauvert (Gard). Il y a onze ou douze kilomètres par les chemins de traverse, que les taureaux font encore à pied, encadrés par les gardians à cheval. Et les jeunes démarrent des prés en courant, en essayant d'écarter les chevaux pour faire échapper les taureaux. De tout temps, il y a eu la rivalité piétons-cavaliers : le boulot du piéton c'est de faire échapper les « bioù ». Et des « bioù » échappés, c'est un spectacle, tout le monde se réjouit. L'arrivée c'est une tradition : le maire qui n'organiserait pas d'arrivées dans un village de tradition, je vous garantis qu'aux élections suivantes, il aurait des difficultés !»

Et même dans les villes comme Arles, malgré les habitudes citadines, les jeunes se disputent l'honneur de rattraper et de maîtriser les taureaux échappés, lors des « abrivado » ou des **« bandido »** (littéralement « la débandade » des taureaux vers les prés après la course). De nos jours les arrivées se font surtout à partir d'un camion, à l'entrée de la ville ou du village. Mais la cavalcade va d'autant plus vite que les villageois font tout pour faire échapper les taureaux, y compris parfois des feux de joie au milieu de la chaussée, pour surprendre les chevaux au détour d'une rue.

Au premier signal, le taureau sort et dispose d'une à deux minutes pour se reconnaître avant que le second n'autorise la nuée de « tenues blanches » à sauter en piste.

A.P.

O.T.S.M.

Le « tourneur » (littéralement le détourneur) appelle le taureau pour le raseteur...

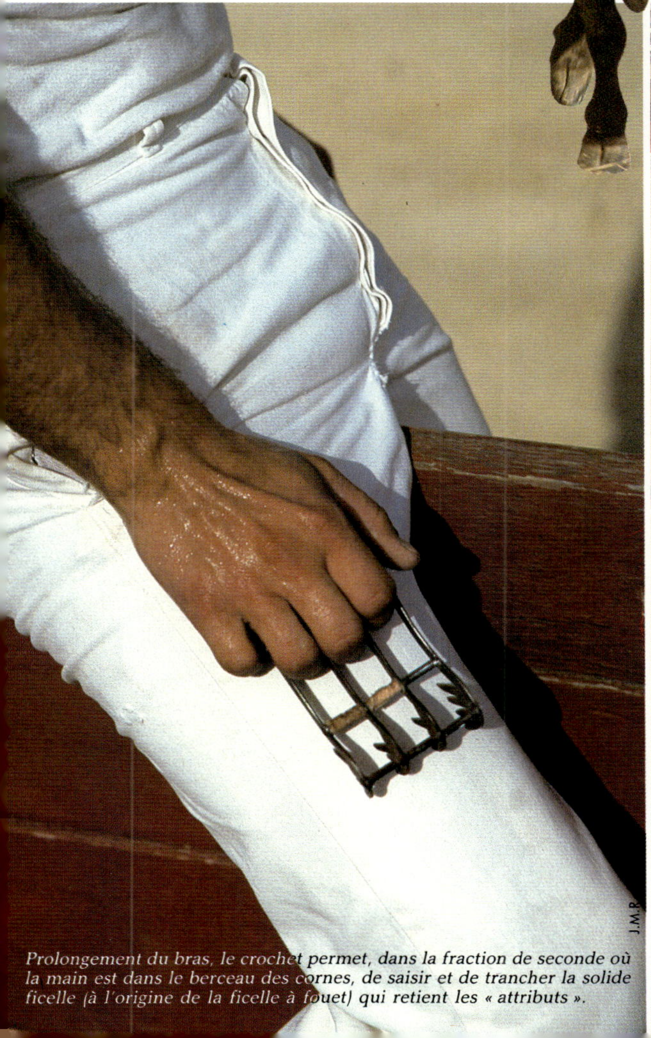

J.M.P.

Prolongement du bras, le crochet permet, dans la fraction de seconde où la main est dans le berceau des cornes, de saisir et de trancher la solide ficelle (à l'origine de la ficelle à fouet) qui retient les « attributs ».

A.P.

qui s'élance alors pour une trajectoire qui va couper celle du taureau.

M.N.

Face à face sur le sable des arènes de Nîmes, Jacky Siméon et Dardaïoun de Lafont. (Jacky Siméon c'est le raseteur, Dardaïoun le taureau et Lafont le manadier).

M.N.

C'est aussi un sport passionnant pour les raseteurs, comportant des risques qu'ils connaissent et assument parfaitement : Arlaten de Fabre-Mailhan rattrape Luc Jeanjean avant la barrière et lui inflige une sérieuse « cornade » (blessure par corne) à la cuisse. Mais les accidents ne sont ni plus nombreux ni plus graves que dans beaucoup de sports aux actions dites viriles.

*A Nîmes, Filou de Laurent « sur » la star des As du Crochet, **Christian Chomel**, un garçon doué des qualités physiques et du mental d'un sportif de haut niveau. Mais toute vedette qu'il soit, il n'est pas le seul « raseteur », en piste, et tous, assistés chacun de leurs « tourneurs », auront leurs chances de remporter quelques attributs primés. Les hommes vont affronter les six taureaux de la course, alors que les taureaux, eux, couront chacun au maximum 15 mn dans l'arène.*

Photo Itier - LA BOUVINO.

A. P.

Le célèbre humoriste **Albert Dubout** *(1905-1976), l'homme aux grosses dames accompagnées de maris gringalets et aux tuyaux de pipes réparés avec des bouts de ficelle, connaît bien la région puisqu'il a fait ses études à l'école des Beaux-Arts de Montpellier. Il a consacré à la corrida un album, préfacé par Brassens, où il se montre parfois très grinçant quant à la condition du « toro ». En revanche, pour cette course libre d'avant-guerre, dans les charrettes (qui traditionnellement délimitaient le « plan » (la piste) et servaient de gradins aux spectateurs et de refuge aux raseteurs), on joue à se faire peur, mais c'est pour rire.*

Il y a encore un coin du Gard où se déroulent, pour la « vote », (la fête votive), des courses dignes de Dubout : c'est à Aubais où on met un point d'honneur à garder le « plan » (la piste) et les pratiques tels qu'ils étaient lorsque la manade Raynaud, y mena pour la première fois ses taureaux (ce qu'elle ne manque pas de faire depuis lors, chaque année)... en 1904. Là-bas, la règle c'est qu'il n'y a pas de règles (tout comme en 1904) et cela ne va pas sans controverse. Si le « Plan d'Aubais » demeure tel quel, ce sera donc l'exception qui confirme la règle de la Course Camarguaise.

Avec sa fanfare, la « pena », la course camarguaise est avant tout une fête dont les taureaux, vifs, actifs, intelligents, sont les héros.

A.P.

Des taureaux dans les rues des villages du Gard, de l'Hérault et des Bouches-du-Rhône : en été pour les « abrivado », arrivées des taureaux que les spectateurs s'efforcent de faire échapper du peloton de gardians qui les enserrent...

M.N.

A.P.

*« Dans les villages, on organise aussi des **« encierro »** : ce sont des lâchers de taureaux pendant un certain temps dans un circuit fermé. Les gens, ici, ne vivent que par le taureau, alors, l'hiver, on fait « courir » tous les dimanches des taureaux sur le goudron. Tout cela peut faire naître des vocations : c'est en courant après les taureaux dans les rues qu'on entre en contact direct avec la bête et les gars qui ont quelques qualités finissent par faire des raseteurs.*

EN PISTE

Après, l'essentiel est de sauter en piste : quand il y a des emboulés, aller les raseter. Les cornes nues c'est autre chose ; pour s'y essayer, il faut être stagiaire et participer à des « courses de protection ». C'est là que les jeunes apprennent à raseter et que parallèlement les taureaux apprennent leur métier de cocardiers. Parce que tous nos taureaux reçoivent une éducation taurine.

S'il est un peu trop quiché, il doit se mettre à la planche

Je m'explique : un taureau jusqu'à quatre ans, on l'élève ; il a une vie paisible, en liberté, veillé par les gardians. Un jour, on le prend, on le met dans un camion ; déjà, pour lui, il y a un stress énorme. On l'attache par les cornes et on l'encocarde. On l'amène dans un endroit sombre qu'il ne connaît pas, un toril. Ensuite, il sort, aveuglé par l'éclat du jour dans une arène où il voit une foule, il entend des bruits, de la musique. Si au bout d'une à deux minutes selon le règlement, il voit sauter en piste une vingtaine de « tenues-blanches » qui vont le harceler de tous côtés, il y a de grandes chances pour que ce « taureau neuf », au bout de trois ou quatre courses, perde son moral. Tandis que si on lui laisse le temps de se reconnaître en piste, si on limite à quelques uns le nombre de raseteurs devant lui, quand il verra un gars venir à sa tête, il essaiera de le poursuivre et petit à petit, surtout s'il est bien raseté, il comprendra ce qu'on veut de lui. Il comprendra que s'il est un peu trop « quiché » (s'il se laisse enfermer par les hommes) *il doit se placer, se « mettre à la planche »* (s'acculer aux barrières), *trouver son terrain. Et au lieu de ne faire que courir et sauter, comme dans ses sept ou huit premières courses, il deviendra plus sérieux, pour poser plus de problèmes aux raseteurs.*

On a donc institué, pour les taureaux de moins de cinq ans, les Courses de Protection où le nombre de raseteurs est limité à six ou huit. L'année suivante, les « taureaux jeunes » qui ont fait leurs preuves courent au Trophée de l'Avenir où ils ne vont rencontrer que des raseteurs encore « tendres », comme eux.

...en hiver pour les « encierro », lâchés de taureaux dans un périmètre fermé où tout un chacun peut se donner le frisson de les approcher.

LA SELECTION

Mais dès la première année, en tout cas chez moi, il y a soixante pour cent de taureaux qui partent à la boucherie en fin de saison, parce que je n'ai pas décelé chez eux les qualités qui font un bon cocardier : la combativité, et l'intelligence, surtout l'intelligence, qui lui permettra de reconnaître une piste en une minute, de savoir où il doit se placer pour combattre et, pour les meilleurs, d'anticiper sur les rasets, c'est-à-dire couper le terrain au raseteur pour l'empêcher de venir à sa tête en courant à côté de lui, et l'obliger à faire demi-tour.

Tous les ans, il naît environ mille cinq cents veaux de race camargue ; il en sort un pour cent de taureaux de course moyens et moins de un pour mille fera un grand cocardier. C'est le côté passionnant de notre métier : rien n'est jamais acquis ; une manade peut rester pendant vingt ans au sommet de la gloire et se retrouver pendant vingt ans au creux de la vague. On n'a jamais fini d'affiner sa sélection.

On n'a pas toujours le courage de les envoyer à l'abattoir

Jusqu'à l'âge de trois ans, j'observe mes vaches ; ce sont les courses au « bouvau » (la petite arène que chaque manadier possède dans ses prés) pendant les ferrades, puis les courses d'emboulés et les spectacles de nuit ; quand j'ai vu ma trentaine de jeunes vaches courir six ou sept fois dans la saison, je suis à même de sélectionner parmi elles les sept ou huit qui vont prendre le mâle et qui me feront un veau l'année suivante ; pour les autres, là aussi, c'est la boucherie.

J'attache beaucoup d'importance à mes vaches de sélection. Les bonnes mères peuvent faire entre cinq et dix veaux dans leur vie. Après ça, on n'a pas toujours le courage de les envoyer à l'abattoir ; des bêtes qu'on a gardées une dizaine d'années, qui sont devenues des amies, avec qui on a presque des liens de parenté... au moment

A.P.

H.S.

de les trier, les regarder et se dire : « je vais les mettre dans le camion pour les faire tuer », moi, pour certaines, je n'ai pas pu, et je ne pourrai jamais !...

Mithra a toutes les qualités

Pour les mâles, sur la « nourride d'anoubles » (la nourride c'est l'ensemble des veaux nés dans la même année et les anoubles ce sont les bêtes d'un an) *je vais garder les six ou sept de meilleure ascendance, et tous les autres, je vais les « bistourner »* (les castrer) *; ceux-là vont mieux profiter de leur croissance et moralement, par la suite, s'ils deviennent de bons cocardiers, ils n'auront plus à subir l'épreuve du « bistournage », qui est beaucoup plus importante à quatre ou cinq ans qu'à un an !* (quatre ans reste cependant l'âge où le bistournage » est le plus couramment pratiqué).

Ensuite, parmi les « quatrens » que j'ai gardés entiers (les quatrens sont les bêtes de quatre ans), *ceux de meilleure famille donc, je choisis comme reproducteur, celui qui me semble le meilleur, en tant qu'individu, Mithra, l'étalon qui est sur mes vaches cette année, a toutes les qualités selon mes critères : il est de bonne famille, il a un moral terrible, et en combat, il a du placement, de l'anticipation, et de la finition à la barrière* (il sait se placer pour observer le mouvement des raseteurs, il est capable d'anticiper sur la trajectoire de celui qui vient à lui et il le poursuit jusqu'à ce qu'il franchisse la barrière).

LE GRAND COCARDIER

Mais, ce qui rend le métier de manadier très difficile c'est qu'il n'y a pas que la sélection : l'éducation et la façon de mener sa carrière font cinquante pour cent du grand

Tous les ans il naît environ 1 500 veaux camargue : cela se passe le plus naturellement du monde, au début du printemps, sans aucune intervention humaine. La mère choisit un endroit surélevé et sec où son petit va rester quelques jours avant de la suivre pour rejoindre le reste de la manade.

cocardier. Et là, il n'y a pas de principe, il faut apprendre sur le tas ! »

A ceux qui s'étonneraient que les meilleurs taureaux de course soient justement des taureaux « bistournés », il faut préciser que cette opération (qui se pratique sans effusion de sang) les rend moins fantasques, plus réguliers dans leurs prestations, et donc plus susceptibles d'avoir une brillante carrière. Dans ce domaine les vaches ne sont pas en reste, et des compétitions avec trophée leur sont réservées.

J'ai eu la chance de trier Rami

« Pour le cocardier célèbre, être en piste est un plaisir, tous mes confrères vous le diront. J'ai eu la chance de trier un taureau comme Rami (de la manade Fabre-Mailhan) *: il suffisait de l'appeler par son nom et il sortait de la manade ; dans le camion il était extraordinairement brave pour un cocardier. Je parle de Rami parce que j'ai pu le vivre, mais des taureaux comme Ventadour* (manade Lafont) *comme Segren* (manade Fanfonne Guillierme), *comme tous les grands cocardiers, savent où on les mène ; quand ils mettent le pied sur une piste, après deux coups d'œil, j'en suis sûr, ils savent exactement quelle est la piste, comment il va falloir combattre et ainsi de suite. Ce sont des bêtes remarquablement intelligentes et qui sont dotées d'un moral à toute épreuve : une*

A.P.

M.N.

Henri Laurent le patron d'une grande manade d'où sont sortis des cocardiers célèbres comme Goya, mais d'où est issu également le sang de nouvelles manades.

carrière de cocardier dure en moyenne une dizaine d'années. Rami, lui, a été raseté jusqu'à l'âge de 18-19 ans ; c'est un taureau qui a tenu le haut du pavé près d'une quinzaine d'année. Et comme tous les grands cocardiers, il est retourné sur ses pâturages pour finir tranquillement ses jours (à l'âge de 24 ans le 1er juillet 1987, en ayant vaillamment supporté le terrible hiver 85 au cours duquel tous les « afeciouna » (amateur de taureaux) se sont fait du souci pour sa santé).

FAIRE VIVRE UNE JEUNE MANADE

Moi, pour le moment, je n'ai pas de cocardiers célèbres, j'espère que ça viendra, c'est mon but, comme celui de tout manadier... Le travail pastoral, c'est mon plaisir...

Mais il faut faire vivre la manade. Et pour ça, je le dis clairement, je suis bien content de voir arriver les touristes pour qui je fais des ferrades avec repas, des courses de nuit et qui, de plus en plus nombreux, viennent aux courses de cocardiers.

Grâce au petit travail

Je prend un exemple : à Portiragnes (La Redoute-Plage), dans l'Hérault, le Président du Club Taurin, « afécioun a » *de longue date, organisait depuis plusieurs années, avec mon concours, des « toros-piscines »* (spectacles nocturnes datant des années cinquante où des vachettes poussent à l'eau un maximum de spectateurs volontaires) *dans des arènes portatives, en bord de plage*

J.M.R.

La Camargue est pleine de manades qui vous accueilleront avec plaisir pour les « ferrades ». Mais les taureaux sont des animaux dangereux et les clôtures doivent être impérativement respectées, même si aucune silhouette noire ne se profile à l'horizon : les clos sont très vastes, les taureaux peuvent être un peu plus loin ; et à la vitesse d'un cheval au galop ils auraient vite fait d'être sur l'intrus qui violerait leur domicile !

H.S.

Les ferrades, les courses au « bouvau » (arène champêtre sur la manade), ainsi que tout le « petit travail » (courses d'emboulés et courses de nuit), permettent au manadier de tester ses jeunes bêtes et de s'assurer une partie du revenu nécessaire à la sélection patiente de ses cocardiers.

A.P.

La tauromachie espagnole a trouvé des adeptes de ce côté-ci des Pyrénées : on organise de grandes corridas à Nîmes, en Arles et ailleurs ; on élève même, en Camargue, des « toros » espagnols, comme ceux de la manade Yonnet dont certains vont courir (et mourir) jusqu'à Barcelone. La course camarguaise qui plonge ses racines dans une tradition séculaire fait du taureau non pas un héros qu'on immole, mais un héros qu'on adule, lorsque course après course il a conquis la gloire. Pour cela, il faut faire ses classes : l'affiche annonce, ici, une Course de l'Avenir, avec quatre jeunes cocardiers de la manade Laurent et deux étalons que l'on fait courir pour attester leurs qualités personnelles.

Les taureaux de Camargue finissent tranquillement leurs jours dans leurs pâturages, et, pour les plus célèbres, la presse rend régulièrement compte de leur état de santé, comme ici, celui de Rami, l'année précédant sa mort.

ML spécial été — l'actualité

BOUVINE

RAMI

cocardier 23 ans

Chaque été, les traditions liées à la bouvine constituent, pour les vacanciers, autant de passionnantes découvertes. Cela commence, le plus souvent, par un encierro ou une course camarguaise, comme celle, prestigieuse, de la Cocarde d'or, qui a eu lieu hier après-midi en Arles et a bénéficié, promotion suprême, d'une retransmission en léger différé sur Canal Plus. Cette approche incite à faire plus ample connaissance avec ce monde des manadiers, des gardians et des razeteurs qui voue un véritable culte aux taureaux. Parmi ces seigneurs de Camargue, Rami...

◄ Rami aujourd'hui

Une longévité exceptionnelle

A 23 ans passés, Rami est un cas exceptionnel de longévité dans l'histoire des taureaux de Camargue. Goya est mort à 21 ans et on ne connaît qu'un autre taureau, Joffre de la manade Pastré, qui ait vécu plus longtemps. Quant à la question traditionnelle du secret d'une telle longévité, Marcel Mailhan a sa réponse toute prête : « c'est parce que c'est un taureau naturel, dit-il. Il n'a jamais eu une piqûre de sa vie. Il n'a jamais mangé autre chose que de l'herbe et un peu de fourrage l'hiver. Les cocardiers, ce sont des sportifs : il faut qu'ils marchent pour trouver leur nourriture. Et Rami n'a fait que ça toute sa vie »

La fin paisible d'un seigneur de Camargue

(Photos Naval et J.P. Rigail)

DANS un de ces pâturages étiques de Camargue où le sel affleure sous les ajoncs, il y a deux vieux taureaux. Seuls aussi loin que le regard peut porter. Deux vieux taureaux qui ne se quittent pas, qui broutent côte-à-côte et partent ensemble en claudicant sous le grand soleil. L'un est un simbeu, ces taureaux porteurs d'une cloche dont les hommes se servent pour guider les troupeaux, l'autre, avec sa patte rhumatisante, ses côtes saillantes et son mufle tout blanc, est l'un des plus grands seigneurs que la Camargue ait porté. Il y a sept ou huit ans encore, son seul nom sur une affiche remplissait les arènes et, comme le disait le razeteur Pellegrin, « faisait trembler les jambes » des hommes au crochet.

Car ce taureau bancal, c'est Rami, l'autre grand de la Course libre quand Goya et lui faisaient

est arrivé à Rami de se trouver face à 56 tenues blanches sans perdre pied.

« Je me souviens, dit Marcel Mailhan, le manadier qui a eu la chance de voir naître ce taureau d'exception dans son troupeau, de cette Palme d'Or à Beaucaire où il a sauté plusieurs fois d'un côté à l'autre des barrières et bousculé dix-sept personnes, spectateurs ou razeteurs. Heureusement il n'était pas trop méchant. Quand l'homme était à terre, il ne s'acharnait pas. »

Seigneur jusqu'au bout, Rami. Seigneur dans l'arène et seigneur au pré où il laissait approcher les gardians et où, quand on l'appelait, il sortait tranquillement du troupeau pour monter dans le camion et partir vers sa prochaine course. « Pas toujours quand même, raconte Pascal Mailhan, le fils du manadier. Parfois, le matin de la course, on ne trouvait pas Rami au pré. On aurait dit qu'il savait qu'on allait venir le chercher

voyant comme ça marchait, la municipalité a fait construire en 1987 une arène magnifique, avec un toril, des douches, des équipements extraordinaires, comme beaucoup de villages de tradition n'en ont pas. Et j'ai fait l'inauguration de cette arène avec ma Course Complète, c'est-à-dire mes six meilleurs cocardiers : grâce donc aux « toros-piscines », au petit travail de fond et à la passion du Président du Club, il y a eu pour la première fois dans les annales de Portiragnes une Course Camarguaise avec des raseteurs et des taureaux cornes nues.

Dans les Bouches-du-Rhône, le Gard et l'Hérault le taureau draine chaque année deux millions de personnes qui se déplacent pour voir des arrivées, des spectacles de nuit, ou des courses camarguaises. Par ailleurs, vous avez des manifestations comme les Férias : la Féria de Nîmes par exemple, qui est devenue un événement national), grâce notamment à la corrida (et à quelqu'un comme Simon Casas), ce qui permet, aussi, de remplir les arènes antiques pour une course camarguaise. Vous voyez donc que tous ces spectacles sont complémentaires et non pas opposés.

Crins blancs

LE CHEVAL DE TAUREAUX

« Tous les manadiers ne sont pas éleveurs de chevaux », poursuit Robert Margé (mais la plupart le sont), *« Moi, j'ai eu des juments, mais comme il faut une structure distincte de la manade de taureaux, je m'en suis séparé et j'achète soit des poulains, soit des chevaux de trois ans qui ne sont pas touchés. Je les dresse moi-même : tous les hivers, ça fait partie du métier et en plus c'est un plaisir, je monte cinq ou six chevaux jeunes et j'essaie d'en faire de bons chevaux de taureaux. »*

Ne pas choisir la façon « rodéo »

Et cela ne va pas de soi. L'étape la plus importante est le « débourrage », car de là dépend tout le reste du dressage. Chacun a sa façon d'obtenir du jeune cheval qu'il accepte le cavalier. Mais on s'accorde généralement pour ne pas choisir la façon « rodéo ». Tout doit être fait en douceur : la capture dans la « manade » (le troupeau), le premier contact, la mise à l'écurie, les tours à la longe, les premières charges : un sac, puis une vieille selle avec les étriers battant les flancs à la manière d'un cavalier, la mise

C.I.

J.M.R.

au pas avec un autre cheval, enfin, le moment décisif où, étroitement tenu par le licol, par un aide sur une monture très confirmée, le cavalier va enfourcher le jeune cheval, prestement, en ayant soin de n'effleurer ni le flanc ni la croupe. Normalement il n'y a alors que peu de réactions, surtout si l'on a pris soin, à toutes les étapes précédentes, de rassurer le cheval de la voix, à laquelle il est très sensible, de ne finir aucune séance sur un refus et de récompenser chaque progrès.

Une fois le débourrage correctement effectué, vient le dressage proprement dit, qui peut durer trois ans pour un bon « cheval de taureaux ». Comme le disait plus haut notre manadier, le cheval est au gardian ce que le chien est au berger, aussi intelligent, aussi attentif à son travail et aussi capable d'initiatives : *« Au cours d'un triage, je montais Pougaù, mon meilleur cheval de taureaux. Une vache a fait un crochet pour se défiler ; en voulant la contenir, mon cheval a glissé sur un terrain qu'il connaissait pourtant bien, mais qui avait été détrempé par de grosses pluies d'orage les jours précédents. Et nous voilà tous les deux par terre. J'avais à peine eu le temps de me relever que Pougaù était debout, qu'il avait rattrapé la vache échappée et l'avait menée tout seul au clos où nous venions de mener les autres bêtes. Ensuite il est revenu tranquillement vers moi, prêt à continuer le travail. »*

Déjà, au XVIe siècle...

De bons chevaux de taureaux, c'était déjà ce qu'on obtenait en Camargue, au temps de Pierre Quiqueran de Beaujeu (voir chapitre précédent) qui prend la peine de les décrire à une époque (le XVIe siècle) où le cheval est universellement utilisé pour les déplacements, les loisirs et... la guerre ; c'est dire combien leurs qualités lui paraissent remarquables : *« vifs et légers à la main, si bien dressés qu'ils n'attendent pas l'ordre de celui qui est dessus. Ils galopent très doucement, et avec une justesse admirable, ils tournent à toute main, ils reculent, ils poussent en avant et avec une gentille passade, ils esquivent artistement le heurt de l'animal furieux. »*

Les chevaux et les taureaux pâturent ensemble depuis des millénaires, et il a fallu que l'homme apprivoise d'abord le cheval pour pouvoir vraiment approcher le taureau.

Les meilleurs chevaux sont destinés au « travail du taureau », qu'ils restent sur la manade ou soient vendus à des gardians amateurs qui viennent, avec leur monture, « donner la main » pour les ferrades ou les changements de « pays » (pâturage).

Pougaù, un fameux « cheval de taureaux », intelligent, attentif à son travail (suivez son regard !...) et capable d'initiatives.

Le camargue est un cheval de selle rustique, et son courage n'est plus à démontrer : deux au moins se sont illustrés, avec leurs gardians... dans le sauvetage en mer en faisant, à la nage, en pleine tempête, la navette entre la côte et des navires en perdition, pour sauver un à un tous les passagers.

A.P.

C'est parce que le cheval camargue est avant tout un auxiliaire de travail que la monte et le harnachement camarguais ont leurs particularités. Ils sont les héritiers de ceux des hommes d'armes du Moyen-Age et privilégient efficacité et sécurité. La selle, très emboîtante, est faite aux mesures du gardian et lui évite de glisser lors des accélérations vives, des arrêts brusques, des crochets et des virevoltes serrés, nécessaires au travail et dont le camargue a le secret ; les étrivières (sangles supportant les étriers) sont montées très longues pour que le cavalier soit le plus droit possible, toujours en vue d'une meilleure tenue en selle ; les étriers en forme de cage fermée devant, calent et protègent les pieds tout en évitant qu'ils ne restent pris en cas de chute.

Si donc, à l'aube de ce siècle, « la fé di bioù » (voir le début du chapitre précédent) a sauvé le taureau camargue puisque ce dernier n'était vraiment rentable, ni sous le joug, ni à la boucherie, elle a aussi sauvé le cheval camargue (voir plus loin), indissolublement lié à l'élevage du taureau.

TOUR A TOUR MAGNIFIE OU MEPRISE

L'origine du cheval camargue est plus probable que celle du taureau : vers 18 000 avant notre ère, à la fin du paléolithique, les chevaux sauvages, ceux précisément qu'on trouve représentés en compagnie des grands aurochs dans les grottes de Lascaux, sont un gibier de choix pour les chasseurs de Solutré, sur les coteaux du Mâconnais : ils en dépècent des dizaines de milliers dont ils abandonnent les ossements entremêlés. Quelques millénaires plus tard, vit aux environs d'Arles le même cheval, toujours en compagnie d'un grand bovidé (deux mètres de haut environ) aux cornes en forme de lyre.

Pour monter les contingents de cavalerie indienne

Et, tel quel (en tous cas en ce qui concerne son squelette), il parvient jusqu'à nous, mais circonscrit dans le delta du Rhône. Partout ailleurs il a disparu, exterminé, croisé, remplacé par d'autres races de chevaux, selon l'usage que chacun entendait faire de la « plus noble conquête de l'homme ».

Au siècle dernier, et encore au début de celui-ci, une certaine « anglomania » régissant le monde équestre, on trouvait le cheval du delta trop petit, avec une trop grosse tête. Et pourtant, tel qu'il était, il avait su plaire aux Romains, qui ne l'oubliaient pas lorsqu'ils sélectionnaient, dans tout l'Empire, les meilleurs chevaux pour concourir aux fêtes de leur fastueuse capitale. Et, au cours de la guerre 14-18, dédaigné par la cavalerie française, *« qu'une telle hérésie eut scandalisé,* raconte Joseph d'Arbaud, *il fut acheté en masse par l'armée américaine pour monter les contingents de cavalerie indienne (des tribus de Peaux-Rouges) massés dans les Vosges et composés d'hommes qui passent pour se connaître quelque peu en bons chevaux. »*

« Cohabiter avec un infernal taureau noir »

Et tel qu'il est, il a toujours su plaire... aux Camarguais. Il paraît qu'au coin des cheminées, dans les mas, on raconte encore aux enfants (à la faveur d'une panne de télé), une autre version de l'origine du cheval de Camargue :

« Neptune, Dieu de la Mer, parcourait, son domaine sur son char tiré par neuf chevaux blancs, lorsque, passant devant l'embouchure du fleuve-roi, Lou Rosé, le Rhône aux multiples bras, il rencontra un humain qui venait de plonger et nageait en se lamentant, ne semblant trouver à son bain aucun agrément. Neptune quelque peu agacé lui demanda des comptes : « Qui es-tu, gronda-t-il en pointant vers lui son trident, et pourquoi venir en mon royaume, si ce n'est, ni pour ton plaisir, ni pour y trouver ta nourriture ?

— Je suis Lou Camarguen, le Camarguais, articula-t-il en fixant les trois pointes d'airain dardées vers lui. J'habite, entre les bras du Rhône, un pays magnifique, où le ciel et la terre se mirent dans les étangs...

— Si ton pays est si beau, pourquoi emplir le mien de tes gémissements ? coupa Neptune de plus en plus irrité.

— C'est que je suis obligé de cohabiter avec un infernal taureau noir qui, dès qu'il m'aperçoit, prend un malin plaisir à me charger de ses cornes en forme de lyre. Je n'ai d'autre ressource que la fuite et ne trouve de salut que dans ton empire, ô grand Neptune. Lorsque la douce brise d'été caresse le champ azuré de ton séjour mouvant, ce m'est un grand plaisir, crois-le bien, mais en hiver, lorsque Eole envoie le grand Mistral, qui ploie les tamaris, couche les roseaux et couvre les eaux d'écumes agitées, cela devient un supplice, Grand Dieu des Océans... »

La selle très emboîtante est faite aux mesures du gardian de façon qu'il soit efficacement maintenu entre le large pommeau à l'avant et le troussequin, prolongé par deux cornes, à l'arrière.

Selle d'Armand Espelly Manade Guillierme.

Le harnachement se complète par la martingale (sangle qui empêche le cheval de « donner de la tête ») et par la croupière (sangle qui passe sous la queue et empêche la selle de glisser vers l'encolure), avec son coussinet de croupière (visible derrière la selle), qui évite le frottement sur le dos du cheval. Enfin, le camargue porte le « seden », une corde tressée traditionnellement par les gardians avec du crin de jument, en jouant sur les couleurs, du noir au blanc en passant par le brun et le roux, selon l'âge de celles sur lesquelles il est prélevé (voir « Un état civil pour les petits-cousins de Crin Blanc »). Le « seden » sert à capturer le cheval dans la manade et le licol pour l'attacher : il reste à son cou et se fixe, roulé, à la selle.

A.P.

Le harnachement camarguais, résultat d'une expérience séculaire est fait avant tout pour le travail. La selle à dossier, avec arçon d'armature métallique pèse plus de quinze kilos. Les étriers en forme de cage sont suspendus à des étrivières longues. Le nœud qui fixe le surfaix (sangle qui passe sur la selle), appelé nœud de gardian a la particularité de se serrer à la traction. On peut voir ici la bride avec le mors et la gourmette, dont on a débarrassé le cheval au repos.

J.B.

D.C.D.

Témoin de l'aube de l'humanité ?...

... ou don de Neptune au Camarguais pour maîtriser le noir taureau aux cornes en forme de lyre ?

« Neptune, qui n'était pas un mauvais bougre... »

Neptune qui rencontrait bien assez d'humains en difficulté lors des naufrages et des batailles navales et qui, au fond, n'était pas un mauvais bougre, voulut donner une chance au Camarguais face à son adversaire cornu. Il détela de son char le cheval de tête et lui dit : « Voici mon meilleur cheval, si tu sais t'en faire un ami, il sera pour toi un allié irremplaçable face au noir taureau. Mais rappelle-toi toujours qu'il vient des immensités de la mer et qu'il a été mené par un dieu : quoi que tu en fasses, il te faudra, quand bon lui semblera, le laisser libre de toute entrave venir humer à plein nasaux ses origines marines et divines. »

Le Camarguais plein de gratitude remercia Neptune qui, dans un remous, disparut à nouveau sous la surface des eaux. Puis il se mit en devoir d'amadouer le fringant animal qu'aucun humain n'avait jamais approché. Lorsqu'il put monter sur son dos et le diriger à sa guise, il entreprit à son tour de poursuivre le noir taureau. Mais celui-ci détalait toujours où bon lui semblait. Un jour que l'homme considérait les deux pointes acérées, superbes défenses de son adversaire cornu, il se souvint des trois pointes de fer dirigées sur lui par Neptune. Il sut alors comment il pourrait, enfin, imposer sa loi au taureau paré de cornes en forme de lyre.

Et depuis lors, on peut voir en Camargue, des hommes armés de tridents, montés sur d'exceptionnels chevaux blancs, mener d'indociles taureaux noirs. Et l'on peut y apercevoir, aussi, de merveilleux chevaux libres s'ébattre jour et nuit dans la sansouïre. »

Des images grandioses et émouvantes

Descendant du cheval de Solutré ou don de Neptune, aujourd'hui, pour la plupart des Français, le cheval camargue c'est *Crin Blanc*, le héros du film d'Albert Lamorisse (Prix Jean Vigo 1953). L'histoire servait de support poétique aux images grandioses et émouvantes d'une région et d'un mode de vie alors méconnus. Si ce film de quarante-sept minutes a tellement marqué les esprits, c'est que le réalisateur était animé d'un grand souci d'authenticité. Il s'était assuré la collaboration, comme co-auteur, du manadier Denys Colomb de Daunant et comme acteurs, des gardians et manadiers des Saintes-Maries, qui jouaient leurs propres rôles, sur leurs propres montures. Même la découverte réciproque de l'adolescent et du cheval n'était pas feinte, puisque le jeune Alain Emery qui interpréta sans aucun doublage, Folco, l'autre héros de l'histoire, n'était jamais monté à cheval auparavant. Durant les onze semaines que durèrent le tournage, il « attrapa » effectivement « la passion » et devint par la suite un cavalier émérite, grand amoureux de la Camargue.

Et pour retrouver un peu son âme d'enfant, on peut aller rêver du côté du mas de Cacharel : la maison qu'habite Folco dans le film, vient d'être restaurée ; on peut la voir de la route et admirer ainsi une véritable cabane camarguaise (voir plus loin *« Des cabanes et des Mas... »*). On peut aussi y voir (et y monter) les petits-cousins de Crin Blanc. Le cheval qui l'incarnait s'appelait en réalité Filou ; il fut ensuite le cheval du fils de la maison, arrière petit-fils du Marquis de Baroncelli, né l'année même du tournage, et maintenant manadier à son tour.

Un état civil pour les petits-cousins de Crin Blanc

Malgré cette soudaine célébrité nationale et internationale, il faudra au cheval de Camargue attendre encore quinze ans la reconnaissance officielle. On avait bien, depuis le début du siècle dernier répertorié ses caractères particuliers, mais c'était surtout pour les critiquer. Ce n'est qu'en 1968, que les Haras Nationaux reconnaissent enfin cet *« enfant naturel »* et qu'en une longue litanie, ils lui donnent son *« état civil »* :

« Le Cheval Camargue se présente sous les apparences d'un cheval de selle rustique - Sa tête, grosse, est généralement carrée, bien attachée - Son front est plat, le chanfrein (du front aux naseaux) *rectiligne, la partie nasale souvent fuyante et effacée, donnant l'illusion d'un profil busqué - Ses oreilles sont courtes et écartées, à base large - Son œil est à fleur de tête du fait de l'arcade sourcilière peu saillante - La ganache* (située sous l'articulation de la mâchoire) *est importante - La crinière est souvent hirsute - Le système pileux est abondant - Adulte, sa robe est gris-clair* (c'est-à-dire : blanche !), *parfois truitée* (tachetée) *- Les membres sont forts et de bonne nature - Le pied est très sûr, sa surface portante développée - Sa taille varie de 1,35 à 1,45 m - Son poids varie entre 300 et 400 kg - Le Cheval Camargue n'achève souvent sa croissance que vers l'âge de 5 à 7 ans - Il conserve son influx nerveux pour l'action, c'est pourquoi il apparaît souvent au repos désassemblé, somnolent - Sobre, vif, agile, courageux, très*

Le poulain camargue naît noir ou brun ; dès qu'il est sec, sa mère qui ne peut allaiter que debout, le bouscule de la tête pour l'inciter à se dresser sur ses pattes encore incertaines et à trouver les mamelles ; cette première tétée va nouer des liens très forts entre la mère et son petit : dorénavant elle ne laissera téter que lui, et lui, ne pourra téter qu'elle ; ce qui n'empêche pas les juments de pratiquer à tour de rôle le « baby-sitting », mais au premier appel de son poulain, la mère accourt et dans les déplacements du troupeau, elle le garde contre son flanc.

Mue après mue, les jeunes acquièrent leurs robes d'adultes. A.P.

A. P.

endurant, il est capable de résister aux longues abstinences comme aux intempéries et de réaliser de longues étapes. »

Je vous ai fait grâce des détails les plus techniques, mais on peut encore ajouter que, s'il est entièrement blanc (pardon : « gris clair » !) à 5 ans, le camargue naît noir ou brun, avec souvent une « liste en tête » (une bande blanche verticale sur le front) et s'éclaircit de mue en mue ; qu'il se couvre en hiver d'une épaisse bourre qui lui permet de résister aux intempéries ; qu'il a la corne dure qui résiste bien à l'usure et à l'humidité et ne nécessite pas de ferrage systématique ; que, tardif dans son développement, il bénéficie d'une grande longévité : à vingt ans il peut encore être monté et une bonne jument peut produire jusqu'à vingt poulains dans sa vie. Enfin, il faut préciser que la tendance actuelle est à l'élévation de la taille : on veut le camargue plus près du mètre quarante-cinq, voire du mètre cinquante ou même cinquante-deux, que du mètre trente-cinq.

L'étalon règne en maître

Comme les taureaux, les chevaux camargue sont élevés en plein air intégral, dans de grands « pays » (herbages) où il leur faut de deux à six hectares par tête, selon la nature de la végétation. Ils sont généralement séparés en trois troupeaux distincts : d'abord le troupeau d'élevage où le *« grignoun »* (l'étalon), choisi par le manadier, règne en maître sur les juments, qu'il empêche de se disperser, et sur les poulains qui, dès leur deuxième ou troisième jour, suivent leurs mères partout, y compris à travers les marais, généralement encore en eau à l'époque des naissances, ce qui a pour effet de beaucoup les fatiguer (ils s'endorment couchés de tout leur long dès que le troupeau s'arrête en terrain sec), mais aussi de les aguerrir définitivement ; puis le troupeau des jeunes chevaux de deux à quatre ans, où des simulacres de combats établissent une hiérarchie, souvent remise en question en raison de leur jeune âge ; et, éventuellement, le troupeau des montures temporairement inutilisées. Traditionnellement,

Les chevaux camargue se couvrent en hiver d'une bourre épaisse qui leur permet, mieux encore que les taureaux, de résister aux intempéries.

L'été, le soleil de plomb fait remonter partout le sel qui affleure sur le sol en un dépôt blanchâtre. En attendant la fraîcheur de la nuit (l'obscurité la plus totale ne les gêne en rien pour vaquer à leurs occupations) les chevaux vont patiemment à la recherche d'une éminence où ils pourront bénéficier de la brise marine...

... ou de l'ombre parcimonieuse des tamaris.

A.P.

les juments camargue n'étaient jamais montées et vivaient à l'état quasi-sauvage ; aujourd'hui elles sont au moins « débourrées » (voir plus haut : *« Le cheval de taureaux »)* pour juger des aptitudes qu'elles sont susceptibles de transmettre, et pouvoir, par la suite, les approcher plus facilement pour mieux surveiller leur état de santé.

De la « ronde » à la promenade

La population chevaline du delta s'était maintenue, de 1551, où Pierre Quiqueran de Beaujeu (voir plus haut) l'évaluait à plus de quatre mille têtes, jusqu'à 1805 où l'on en comptait encore trois mille cinq cents. Mais en 1896, alerte !, il n'en reste plus que six cent soixante. Et encore, un tiers seulement vit en « manade » (troupeau) avec un étalon camargue : juste de quoi assurer un choix de bonnes montures pour le « travail du taureau » ; pour les attelages et les montures de prestige, on a recours au croisement : « anglomania » oblige.

La baisse du nombre total de chevaux en Camargue, en cette fin de siècle, s'explique par l'invention de la batteuse à vapeur : elle a remplacé les « rondes » de six paires de chevaux qui servaient (comme dans de nombreux pays méditerranéens, depuis l'antiquité) à « dépiquer » (égrener) le blé en le foulant aux pieds.

Aujourd'hui trois mille chevaux camargue vivent et se reproduisent dans leur berceau d'origine officiel : le quadrilatère Tarascon, Montpellier, Fos, Salon-de-Provence. De plus, des élevages de chevaux « issus de Camargue » ont essaimé un peu partout, en France ou à l'étranger, comme en Italie, dans la vallée du Pô, ou en Allemagne, près de Bonn, où *« nos amis d'outre-Rhin aiment dans ce cheval méridional l'image des vacances qu'ils ont passées chez nous ».*

O.T.G.R.

Le cheval rêvé pour l'aventure

La majorité de ce cheptel reconstitué est en effet destinée aux loisirs : clubs hippiques et, surtout, promenades et randonnées, auxquels le camargue est particulièrement adapté, grâce à son endurance et à son allure préférée, l'entre-pas, une allure efficace et économe. C'est

A.P.

En passant de la « ronde » à la promenade le travail de la majorité des chevaux camargue a gagné en agrément ; encore faut-il que ceux qui les montent, débutants ou cavaliers habitués à d'autres montes, les respectent et veuillent bien se plier aux recommandations de leurs accompagnateurs.

Alors, en toute saison, c'est un plaisir partagé, un contact intime, la découverte privilégiée d'un pays qui ne se livre pas facilement.

ainsi que, par exemple, le Marquis de Baroncelli, qui prit autant de soin à conserver et à améliorer les chevaux que les taureaux de Camargue (voir chapitre précédent : *« La foi qui sauve les Taureaux - Au XXᵉ siècle »*) a-t-il pu, en compagnie d'un ami, couvrir le trajet de Marsillargues (près de Lunel dans l'Hérault) à Lyon, en quatre jours, et de Lyon en Arles, en quatre jours encore, soit au total six cent trente kilomètres avec les mêmes montures. On estime en effet à quatre-vingts kilomètres journaliers les capacités du camargue, ce qui est considérable.

C'est en se basant sur ces chiffres et sur sa connaissance personnelle de ce cheval, que Robert Rigal, un Arlésien de cinquante ans, membre de l'Association des Randonneurs Equestres Camarguais, a entrepris, le 1er janvier 1988, son raid trans-européen et hivernal de quatre mille cinq cents kilomètres, entre Camargue et Cap Nord, pour prouver à tous les Européens que le camargue, sous la selle et sous le bât, est le cheval rêvé pour l'aventure.

Un contact physique privilégié

Par ailleurs, sa petite taille, son instinct grégaire et son aptitude à tous les dressages en font un cheval idéal pour la simple promenade, y compris pour les enfants et les débutants de tous âges. Or, que l'on soit déjà cavalier ou non, le tourisme équestre est sans doute le moyen le plus adapté pour pénétrer et découvrir la Camargue. Il permet d'approcher la faune sans la déranger, d'emprunter des itinéraires inaccessibles aux véhicules et d'entrer en contact physique privilégié, à travers sa monture, avec un de ses représentants les plus remarquables, car, comme le disait, lors de la reconnaissance officielle de la race, G. Bideault, directeur du Haras d'Uzès : *« Le cheval né en Camargue est un produit du milieu naturel, il est le reflet du sol et du climat, mais aussi des hommes et de leur civilisation ».* Et il ajoutait, en hommage à l'animal si longtemps méprisé par ses collègues : *« C'est sans doute parce qu'en lui s'incarne toute la Camargue qu'il s'appelle du substantif Camargue et non de l'adjectif Camarguais. »*

O.T.S.M.

H.S.

H.S.

L'habileté du gardian et l'agilité de sa monture sont également, et depuis fort longtemps, à l'origine de jeux équestres, comme le jeu du bouquet, le jeu de l'orange et le saut de cheval à cheval. Ils ont lieu au « bouvau » (petite arène sur la manade), ou plus solennellement aux arènes des villages pour les fêtes votives, aux Saintes-Maries-de-la-Mer le 26 mai, pour les manifestations à la mémoire du Marquis de Baroncelli et en Arles le dernier dimanche d'avril, pour la Saint-Georges, saint patron des gardians depuis la fondation de leur Confrérie, en 1512.

Comme les taureaux, les jeunes chevaux sont marqués à la cuisse gauche, au fer de la manade.

J.B.

A.P.

O.T.S.M.

Des cabanes et des mas...

La terre du delta ne recèle pas une pierre sur dix mètres d'épaisseur : la maison traditionnelle est le reflet de cette situation. Il s'agissait, à l'origine, d'une cabane exclusivement construite en *« sagno »* (roseaux de marais) liés sur une armature et une charpente à forte pente, faites de bois d'ormeau et de branches de saule, avec une abside tournée vers le Mistral. La porte unique s'ouvrait dans le pignon orienté au midi. Cela lui donnait l'air *« d'un gros chien accroupi dos au vent, face au soleil bienfaisant, un matin de printemps »*.

Le premier progrès est venu de l'usage de torchis pour rendre plus étanche le sommet du toit, les murs et le pignon exposé au vent marin. Puis, au siècle dernier, on a construit ce dernier en pierres apportées tout exprès, pour mieux résister à la pluie, maintenir plus solidement la charpente et recevoir l'unique cheminée. Avec ses deux pièces basses et sans plafond : la cuisine où l'on entrait de plain-pied et la chambre aménagée dans l'abside, derrière une cloison elle aussi en roseaux, c'était la maison des pêcheurs, des ouvriers saliniers, des bergers et des gardians. Parfois isolée au milieu des marais, construite là où le travail appelait les hommes, son occupation pouvait n'être que saisonnière.

La « sagno » qui anime si joliment les marais de ses aigrettes, est récoltée et mise en bottes appelées « manons », c'est-à-dire « brassées », qui forment les éléments de couverture des cabanes.

A l'origine les maisons camarguaises étaient construites entièrement en « sagno » (roseaux des marais), y compris à l'intérieur des remparts des villes (ici Aigues-Mortes) qui étaient parfois, de ce fait, ravagées par de grands incendies.

De tout temps, on a coupé les roseaux pour de multiples usages : toiture, mais aussi, coupe-vent autour des maisons, des jardins et des enclos pour les moutons, litière dans les bergeries, constitution d'un humus végétal au pied des vignes dans les terrains sableux, etc. Aujourd'hui, dans le delta où les marais sont asséchés en été, on profite de la mécanisation pour faire la récolte en grande quantité, et... de nombreuses fermettes normandes sont couvertes en « sagno » camarguaise !

Car, on rencontre en Camargue, une autre sorte de maison, peut-être moins typique, mais tout aussi traditionnelle : le mas. Héritier de la « *villa* » romaine, il regroupe au milieu du domaine l'habitation du propriétaire ou du fermier et les bâtiments d'exploitation. Orienté lui aussi en fonction du Mistral, on le trouve toujours auprès d'un ancien lit du Rhône. C'est, en effet, par le fleuve qu'ont été apportées, depuis Beaucaire, les tonnes de pierre nécessaires à sa construction.

Il est parfois flanqué ou surmonté d'une tour car c'est aussi par les bras du Rhône qu'arrivaient l'ennemi ou l'envahisseur, dont, isolés en pleine campagne, il fallait pouvoir se défendre, ou même, en donnant l'alerte, participer à la défense de tout le delta.

Le santonnier Jean Bouchet a reconstitué l'intérieur d'une cabane, avec son toit apparent, ses murs de 0,80 à 1 m de haut, ses petits « fenestrons » carrés et la cheminée adossée au pignon, à gauche de la porte. Dans l'abside, la chambre qui ne contient guère plus que le lit.

Comme toutes les toitures en fibre végétale, la « sagno » s'use sous l'effet de la pluie et du vent, et doit être régulièrement remplacée, ce qui permet les longs étés ensoleillés.

... Et de grandes bergeries

La reine Marie-Antoinette joue à la bergère

« Le mas de la Favouillane consiste au bâtiment où nous sommes, le tout au rez-de-chaussée à l'aspect du midi (orienté au sud), *couvert en bois et tuiles, à deux pentes. Vis-à-vis du bâtiment est un puits avec son appui en pierre et tout près une grande cabane couverte de roseaux avec des piliers ou supports en pierre, servant de bergerie ».* Telle était, en 1786, cette exploitation du Grand Plan du Bourg (à l'est du Grand Rhône) qui comptait alors cinq cents *« bettes* (bêtes) *à laine ».*

Or, en 1786, précisément, la reine Marie-Antoinette joue à la bergère sur les pelouses du Petit Trianon à Versailles, et le mouton est à la mode. On importe, pour la qualité de sa laine, le mérinos d'Espagne, dont on conserve la race pure à la bergerie modèle de Rambouillet. En Arles, on n'hésite pas à croiser le mérinos « de Rambouillet » avec la race locale et on obtient un mouton plus petit, mais avec une laine encore plus fine : le Mérinos d'Arles.

En Arles on appelle « capitaliste » le propriétaire de moutons

Au XIXe siècle les troupeaux prennent une telle importance que les *« jasses »* (bergeries) atteignent couramment quatre-vingts mètres de long et peuvent contenir un millier de bêtes. On appelle même parfois « capitaliste » le propriétaire de moutons, car l'exploitation des ovins est doublement rentable, grâce à leur laine recherchée, bien sûr, dont la tonte se fait vers la Mi-Carême (on débarrasse l'animal de sa toison en une seule pièce qui, à l'état brut, toute imbibée de suint, n'a pas fière allure, mais pèse plus lourd sur la balance de l'acheteur), mais aussi grâce au fumier qu'on ne peut récolter que dans les bergeries (puisque les autres animaux vivent en plein air) : il est devenu nécessaire aux cultures que le Rhône ne fertilise plus naturellement.

Comme les moutons ne peuvent supporter les étés méditerranéens, dès le 15 juin, ils doivent se mettre en route pour la transhumance qui les conduira dans les Hautes-Alpes par des *« drailles »* (chemins) souvent millénaires. La *« lutte »* (accouplements) a lieu là-haut, mais les agnelages qui commencent à la Toussaint ont lieu après le retour en Camargue et en Crau. Les bergers sont le plus souvent originaires de ces régions d'alpages car le Camarguais ne se sent guère « piéton ».

Etre berger est un métier, peu pratiqué par les Camarguais eux-mêmes. Autrefois, la transhumance se faisait à pied, par des « drailles » (chemins) millénaires. *Collection Roland Jolivet.*

Avis aux amateurs

Aujourd'hui, la laine du Mérinos d'Arles est concurrencée par la production australienne et néo-zélandaise. Il y a cependant encore de grandes *« jasses »* abritant des troupeaux de plusieurs centaines de bêtes, qui vont toujours passer l'été aux alpages : ils font alors le voyage par le train ou en camion. Le revenu principal qu'on en tire est maintenant la vente des agneaux, la laine restant un complément non négligeable. Le véritable handicap de cette activité traditionnelle est en réalité le manque de main-d'œuvre qualifiée. Avis aux amateurs : à Rambouillet, avec la Ferme Nationale créée par Louis XVI, il y a une école de bergers réputée...

La présence de chèvres dans le troupeau de moutons est traditionnelle (et les santonniers de Provence, comme Edmond Prados, le savent bien) ; elles appartiennent en propre au berger qui en dispose à son gré.

Les « jasses » (bergeries) ont atteint leur plus grande dimension au siècle dernier. Celle du mas du Pont de Rousty, plusieurs fois remaniée (et aujourd'hui Musée Camarguais) était encore utilisée comme telle en 1957.

A.P.

l'école de Gallician.

Les pieds dans l'eau,

Les Gaulois étaient de gros consommateurs de vin

Le dénominateur commun de tous les visages du « pays » que nous avons défini est, d'une part le taureau camargue, que l'on y vénère partout (voir : *« La foi qui sauve les taureaux »*) et d'autre part... le vin.

Les Gaulois étaient de gros consommateurs de vin, mais n'en produisaient pas ; aussi, dès la conquête, les Romains introduisirent-ils la vigne dans leur nouvelle province, en réservant le monopole aux colons, citoyens Romains. Mais les indigènes tournèrent vite l'interdiction et le vin de la Narbonnaise (comprenant à peu près, le Languedoc-Roussillon, la Provence et la Vallée du Rhône) se mirent à concurrencer les vins italiens.

Après la chute de l'Empire Romain, le vignoble eut à souffrir des invasions, en parculier des invasions arabes, et ce n'est qu'au XIe siècle qu'il fut reconstitué par les moines qui avaient besoin de vin... pour dire la messe. Jusqu'au XVIe siècle, sa production leur revient presque exclusivement et leur procure d'appréciables revenus. Les viticulteurs « laïcs » prennent ensuite la relève et, au XVIIIe, Goethe peut écrire à un de ses amis : *« Fais-moi parvenir un muid* (274 litres) *de cet excellent vin du Languedoc ».*

Un double échec à l'envahisseur souterrain

Puis en 1864, c'est l'invasion du phylloxéra qui détruit la vigne par la racine. Le vignoble des Costières, ravagé, doit être reconstitué à partir de souches américaines résistantes, sur lesquelles on greffe le cépage d'origine. Mais les vignes du Pays d'Arles, elles, résistent, grâce aux inondations annuelles du Rhône qui, en submergeant les racines, empêchent le puceron destructeur de se propager. Forts de cette constatation, les hommes ont repris à leur compte et pratiquent toujours la submersion hivernale des vignes.

Une autre sorte de vignoble a résisté au phylloxéra : celui des sables. Ce n'est plus l'eau qui empêche le parasite de creuser ses galeries de racine en racine, mais la nature sableuse du sol. Il faut dire que la culture de la vigne dans cette sorte de terrains ne va pas de soi. Elle a été inaugurée par les moines de l'abbaye de Psalmody qui, bien avant la fondation d'Aigues-Mortes, exploitaient le sel dans ces territoires, à l'exception des ensembles de dunes et des îlots sableux boisés qui ne s'y prêtaient pas : c'est tout ce qu'il leur restait pour produire leur vin de messe.

J.B.

Dans le haut du delta, pour lutter contre le phylloxéra, les pieds de vigne sont submergés avant la taille hivernale et maintenus ainsi pendant 40 jours.

Tout ce qu'il leur restait pour le vin de messe

Et, peu ou prou, on continua de cultiver la vigne dans les *« sablons ».* Ainsi, *« le treizième jour de septembre de l'année du Seigneur MCCCCXXXI (1431), Charles, par la grâce de Dieu roi des Français »,* pouvait-il écrire à propos d'Aigues-Mortes (en latin, mais je traduis !) : *« Le territoire environnant, est infertile et complètement stérile, à l'exception d'un petit nombre de vignes qui sont plantées dans le sable et dont les vins doivent être bus jeunes ».* Et un historien, en 1849 : *« La vigne, longtemps négligée, a repris faveur depuis quelques années. On la cultive surtout dans les parties sablonneuses et les produits qu'on en obtient commencent à être recherchés. Le vin est léger, mais d'un très bon goût ».*

Et le vin de pays des Sables du Golfe du Lion, existe maintenant légalement ; il est toujours produit pour sa majeure partie aux alentours d'Aigues-Mortes et en particulier dans l'ancienne île de Stel, appelée ensuite l'Istel et aujourd'hui Listel, nom repris par le plus gros producteur actuel de Vin des Sables... la Compagnie des Salins du Midi, qui, au XIXe siècle, a planté des vignes *« sur une partie importante des cordons de sables littoraux dont le niveau était trop élevé pour qu'elle pût y aménager des salins ».* Preuve que, même après huit siècles, les mêmes causes produisent les mêmes effets (les saliniers plantent des vignes là où ils ne peuvent pas récolter du sel) !

la tête au soleil

Les « sablons », vestiges des anciens cordons littoraux portent les pins maritimes et les vignes implantées là, à l'origine, par les moines saliniers. Comme pour tous les crus, la nature du sol influe sur la qualité du vin qui est ici très léger. De plus, dans les Sables du Golfe du Lion (dunes camarguaises et cordon littoral jusqu'à Agde), certains cépages normalement noirs restent, à parfaite maturité, de couleur gris-vert ou gris-bleuté, ce qui donne le fameux vin « gris de gris » dont la coloration est intermédiaire entre le blanc et le rosé.

Du riz pour les bestiaux

Une production, cette fois tout à fait spécifique à un des aspects particuliers de notre « pays », c'est le riz. Pour lui, il faut à la fois des terrains relativement imperméables et suffisamment fertiles, faciles à aplanir très rigoureusement, et bénéficiant d'un système d'irrigation et de drainage efficace. Toutes ces conditions sont réunies autour d'Arles, dans le haut du delta, jusqu'à l'étang du Vaccarès et le long des bras du Rhône. Si l'on en croit certains, les premiers essais remonteraient à l'Antiquité ; en tout cas, aux XVIe et XVIIe siècles, on cultivait le riz pour tirer profit des zones inondables. Mais comme on atteint, ici, les limites des conditions climatiques favorables à sa culture, il suffisait de quelques écarts météorologiques pour provoquer des récoltes catastrophiques. De toute façon, le riz n'était guère considéré : pas question de s'en nourrir, il était juste bon pour les animaux !

Il a donc fallu attendre les pénuries dues à la deuxième guerre mondiale pour que sa culture soit organisée sur une grande échelle : à la fin des années cinquante, la région est à même de couvrir les besoins nationaux. Mais, là aussi, les mêmes causes produisant les mêmes effets, une succession d'années un peu trop pluvieuses provoque des rendements catastrophiques. On préfère des cultures plus sûres et c'est, au tout début des années quatre-vingts, la crise de la riziculture.

Les rizières sont maintenant nécessaires à toute activité dans le delta, même à la culture des céréales traditionnelle qu'on y récolte depuis la plus haute Antiquité.

La riziculture est devenue une activité traditionnelle pour la commune d'Arles où l'on fête, en septembre, avec défilés de chars et manifestations gastronomiques, les Prémices du Riz, lequel a son ambassadrice de charme.

Une variété vraiment adaptée

Cependant, (voir *« Histoires d'Eaux »*) les rizières sont nécessaires à la survie même de la Camargue. Des aides sont donc accordées (y compris pour indemniser les dégâts causés par les flamants roses !) et des recherches financées pour mettre au point une variété vraiment adaptée à la Camargue. Moyennant quoi, on atteint maintenant des rendements inégalés, tout en s'épargnant la pénible opération du repiquage, avec une qualité suffisante (grains longs, pré-traités) pour que le tiers de la production soit exporté vers d'autres pays d'Europe. Mais il n'est plus question de couvrir les besoins de l'ensemble de l'hexagone.

Gabelle et camelles

Le salaire des Romains

Savez-vous ce qu'est à l'origine le *salaire* ? C'est une indemnité pour le sel versée aux soldats romains. Car le sel est un bien nécessaire qu'on ne produit pas partout et qu'il faut se procurer à prix d'argent. De plus, étant indispensable à la conservation des denrées alimentaires et donc à leur commerce, c'est un élément capital de l'économie.

Dès leur arrivée, les Romains ont reconnu dans le pays camarguais un lieu privilégié pour la production du sel : d'immenses étendues plates en bord de mer, un chaud soleil permanent pendant de longs mois d'été et, même, un vent fort pour accélérer l'évaporation. Ils chargent donc un certain Peccius de l'organiser en grand. C'est la création des salins de Peccais, près du site d'Aigues-Mortes, dont la production est en partie exportée directement vers Rome.

Après la chute de l'empire Romain, ce sont les Bénédictins de l'abbaye de Psalmody qui exploitent les salins. Ils en tirent une telle prospérité que la rigueur de la vie monastique s'en ressent. Au XIIIe siècle, le pape est obligé d'intervenir pour mettre un terme au relachement. Philippe le Bel rachète les salins de Peccais qui sont donnés en fief à divers propriétaires. A partir de 1341, ses successeurs deviennent les premiers intéressés à la production du sel, dans l'ensemble du royaume, avec la création de la *« gabelle »*.

Le plus honni des impôts

A l'origine , simple taxe à la consommation, la gabelle, le plus honni des impôts de l'Ancien Régime, devient à la longue un système de prélèvement particulièrement lourd et injuste : six circonscriptions en France où le prix de la livre de sel peut varier de un denier à treize sols (156 deniers) ; obligation de se fournir dans des magasins royaux, les « greniers à sel », et d'en acheter une quantité minimale sous peine d'amende.

Avec un tel système, la contrebande est florissante, surtout en pays camarguais, où les salins de Peccais fournissent à l'Etat environ le septième de ses revenus sur le sel. Aussi les *« faux-sauniers »* (contrebandiers) pris par les « gabelous » sont-ils impitoyablement envoyés aux galères, voire pendus s'ils portent des armes. Mais ils savent utiliser les ressources du pays : *« Les marais remplis de roseaux et de broussailles qui leur servent d'entrepôt et de retraite leur donnent sûreté à n'être pas découverts »*, se plaint en 1637 l'Intendant du Languedoc !

Une récolte liée aux conditions météorologiques...

La gabelle est abolie à la Révolution, mais remplacée par un impôt sur le sel qui n'est définitivement supprimé... qu'en 1946. Entre-temps ont été créés les Salins de Giraud, exploités au siècle dernier par la Compagnie Péchiney, tandis que ceux d'Aigues-Mortes s'étaient agrandis au cours des siècles. Aujourd'hui, tous les salins du pays camarguais appartiennent à la Compagnie des Salins du Midi.

La production du sel, aussi surprenant que cela puisse paraître au premier abord, relève de l'agriculture. On y fait, en effet, une récolte directement liée aux conditions météorologiques : que l'été ait été frais, couvert ou sans vent, et la récolte est médiocre ; qu'il ait été pluvieux, ou que les pluies d'automne aient été précoces et c'est une mauvaise année ; et que le Rhône, avant son endiguement, ait eu des crues importantes, comme en 1840 et 1842, et c'était la catastrophe !

Aussi, aujourd'hui, la production est-elle contrôlée par des ordinateurs ayant en mémoire plus d'un siècle de données météorologiques. Mais comment contrôler l'évaporation naturelle de l'eau de mer ? Par la maîtrise de sa circulation dans les bassins.

... Contrôlée par ordinateurs

Car dans les salins, où pourtant tout mouvement semble aboli, les énormes quantités d'eau pompées dans la

A.P.

Sur les salins, l'évaporation concentre le sel dans l'eau, alors appelée saumure. Au fur et à mesure de la concentration, certaines espèces animales ou végétales marines disparaissent, tandis que d'autres prolifèrent : ce sont ces dernières qui donnent leur coloration rouge aux marais salants. Il s'agit, à mi-concentration d'une petite crevette, qui fait le régal des flamants roses et, dit-on, absorbée en grande quantité, accentue la couleur de leur plumage. A saturation, il ne reste plus dans la saumure qu'une algue microscopique d'un rouge foncé.

mer (15 m³ par seconde de mars à septembre) parcourent entre 70 et 100 km avant de déposer leur précieux sel sur les « tables salantes ». C'est donc un énorme système de vannes et de pompes que pilotent les ordinateurs, de façon à maintenir dans chacun des bassins du salin les *« partènements »* (qui occupent la plus grande partie des 10 000 ha de l'exploitation), une certaine concentration en sel, qui va de celle de la mer (29 g par litre) à une concentration près de dix fois supérieure (260 g par litre).

La récolte du sel qui s'est cristallisé en fin de parcours, en une couche de 15 à 20 cm d'épaisseur sur les *« tables salantes »* ou *« surfaces saunantes »* (moins de 10 % de la superficie totale) se fait avec des moyens mécaniques extrêmement puissants, en cinq semaines, avant les grosses pluies d'automne. Avant la deuxième guerre mondiale, cet énorme travail était fait par des centaines d'ouvriers permanents et saisonniers, qui maniaient, à la pelle et à la brouette, quand ce n'était pas, comme au siècle dernier, avec un cabas porté sur la tête, de vingt à trente-cinq tonnes de sel par jour.

Une fois la récolte achevée, le sel mis en *« camelles »* (tas) provisoires est repris, lavé et mis en camelles de stockage où il sera prélevé au fur et à mesure des besoins : industrie chimique ou consommation animale et humaine.

A.P.

La récolte du sel, comme celle des produits agricoles, de manuelle au début du siècle où elle réclamait une importante main-d'œuvre, est devenue aujourd'hui entièrement mécanisée : ce sont des machines qui ramassent, au mois de septembre, la couche de sel cristallisé (un million de tonnes environ au Salin de Giraud) sur les « surfaces saunantes », aussi bien nivelées qu'un court de tennis, pour le mettre, au fur et à mesure, en « camelles » (tas) provisoires.

Après lavage, le sel est stocké en grandes « camelles » définitives d'une vingtaine de mètres de hauteur, d'où il est repris selon la demande du marché et acheminé par tapis roulant au lieu d'expédition.

Malgré son éclat, le sel trouve plus blanc que lui : la neige. Ici, l'approvisionnement, directement à la « camelle », d'un camion qui va saler les routes et les autoroutes enneigées de la région.

Cuisine et tradition

La gastronomie de la Camargue profite aussi bien de la grande tradition culinaire provençale, (le marché d'Arles, le samedi matin, est encore digne de la célèbre chanson de Gilbert Bécaud) que des ressources particulières au delta.

On est fier de préparer, avec parfois un tour de main ou des ingrédients spécifiques au pays d'Arles, l'aïoli, l'anchoiade ou la bouillabaisse connus de tous les Provençaux. La fête de Noël, avec ses santons et ses sept desserts traditionnels, est toute provençale, en étant, ici, très arlésienne.

Préparatifs pour repas de Noël en Provence

Mais le gibier de Camargue, les poissons des étangs, les anguilles des marais, les tellines des Saintes-Maries-de-la-Mer, les taureaux des manades et depuis quarante ans, maintenant, le riz du delta, ont forgé une gastronomie camarguaise que vous ne connaîtrez qu'en fréquentant les auberges des villages ou les fêtes des mas, au cœur du plat pays du sud.

Marie-France Avril

PARC NATUREL REGIONAL
DE CAMARGUE
Etang de Vaccarès
GRAND
RHONE
55

Terre magique, unique

Camargue : l'une des trois grandes zones humides européennes, avec le delta du Danube et celui du Guadalquivir... mosaïque de milieux qui évoluent sans cesse dans l'espace et dans le temps. Ici, comme nulle part ailleurs, les minutes, les jours, les mois se succèdent et ne se ressemblent pas. Dans ce pays varié, ouvert et changeant, le voyageur aura toujours quelque chose de nouveau à découvrir.

L'eau, le climat, le sel, le vent

Ces quatre facteurs régissent toute l'écologie du delta. Leurs multiples combinaisons donnent un ensemble de paysages très nuancés, imbriqués les uns dans les autres.

L'abondance de l'eau se conjugue parfaitement avec le climat méditerranéen : autour des marais, sur le bord des étangs, la fertilité est extraordinaire et la vie animale intense (voir chapitre « histoire d'eaux »).

Malgré les systèmes de drainage mis en place par l'homme pour délaver les terrains, le sel joue encore un rôle prépondérant dans le développement de la flore et de la faune. Les paysages varient sensiblement en fonction du degré de salinité du sol (voir chapitre « gabelle et camelles »).

Le quatrième facteur, le vent, provoque la transpiration salée de certaines plantes, déssèche les terres, sème le tumulte sur les eaux et entrave le déplacement des animaux, aussi bien terrestres qu'aquatiques. En effet, un jour sur trois, le « mistral » souffle en Camargue avec une violence extrême.

La liberté de circulation

L'écologie camarguaise se caractérise également par l'interdépendance des écosystèmes : tous les milieux sont ouverts, c'est-à-dire largement solidaires les uns des autres, et changeants : le Vaccarès s'agrandit, la côte se modifie, les dunes se déplacent... C'est ainsi que dans le delta on assiste à un perpétuel mouvement de l'eau, des éléments, des animaux et des hommes.

Tour d'horizon

Si vous arrivez par Arles, vous serez peut-être surpris : le nord du delta n'a rien d'une carte postale. Le long des routes goudronnées, rizières, vignes, cultures et marais alternent. Puis, à mesure que l'on s'enfonce vers le sud,

H.S.

Coucher de soleil sur le Vaccarès. M.N.

la salinité augmentant, le milieu se transforme. Sur les rives du Rhône des forêts subsistent. Ce sont les fameuses « ripisylves ». Savez-vous que, jadis, le nord de la Camargue était recouvert de forêts ? Ici, on aime se promener sous les peupliers blancs, guettant, à la tombée de la nuit, un castor en fuite. Des vestiges de forêts demeurent aussi sur les « montilles » (dunes intérieures). Dans les Bois des Rièges, (cordon dunaire « fossile » au sud du Vaccarès), pousse le genévrier de Phénicie, vieux de plusieurs siècles.

Les « pelouses » sont très riches en fleurs et en buissons. Connaissez-vous la saladelle, plante fétiche des gardians ? Il n'est pas rare d'admirer, en ces lieux, le plumage étincelant du rollier ou du guêpier, et de surprendre le renard en chasse.

Et plus loin...

Dans les marécages et les roselières, vous écouterez le galop puissant des taureaux et des chevaux sauvages. C'est le domaine des oiseaux : il faut savoir s'arrêter et, figé, observer le héron en train de pêcher. Là, vous assisterez aussi aux ébats des canards qui, l'hiver, se rassemblent par dizaines de milliers sur les étangs... Derrière le rempart de dunes, commencent les sansouïres : vastes étendues de salicornes à perte de vue. Elles abritent de nombreux petits échassiers et des oiseaux migrateurs. Sur les lagunes, vous rencontrerez également de nombreux oiseaux : avocettes, tadornes, et bien sûr, les flamants roses. Enfin, c'est au bord de la Méditerranée, sur un ourlet de dunes, que finit la Camargue. Voulez-vous poursuivre, avec nous, votre balade en pays camarguais ?

Richesse de la flore

Pour le touriste pressé, celui qui ne sait pas attendre, la flore du delta paraît à priori monotone. Car c'est lentement, patiemment que la Camargue se découvre, se mérite. Alors, on est littéralement ravi par la variété de ces paysages qui, à chaque saison, se renouvèlent et varient en fonction du terrain. On le sait, la répartition de la végétation dépend du mélange subtil de l'eau et du sel.

La Camargue est constituée de deux grandes zones : la Camargue laguno-marine et la Camargue fluvio-lacustre. La première est sous l'influence prépondérante de la mer et du sel: les eaux y sont saumâtres ou salées, sans végétation émergeante, les terres recouvertes de plantes halophiles (qui supportent le sel) ; la seconde est sous l'influence prépondérante du Rhône : les eaux y sont douces et les plantes hydrophiles (qui supportent l'eau). Bientôt vous apprendrez à distinguer quelques espèces essentielles en les situant dans leurs milieux naturels.

Sansouïres et pelouses

Les sansouïres et les pelouses constituent le paysage le plus caractéristique de la Basse et de la Moyenne-Camargue. Ici, une végétation halophile domine.

Situées sur des terres basses et salées, les sansouïres sont largement inondées par les eaux de pluie en hiver. En été, le sol argileux se déssèche, se craquèle, laisse affleurer des tâches de sel. Dans les sansouïres, vous trouverez les plantes grasses capables de mettre en réserve l'eau de pluie : soude, obione et, surtout, les quatre espèces de salicornes. La pelouse, elle, est en quelque sorte un territoire intermédiaire entre la sansouïre (milieu très salé) et le bois (milieu doux). Outre les myosotis, narcisses, mourrons rouges, gaillets, joncs piquants, vous admirerez le tamaris (là où l'eau douce subsiste), l'olivier de Bohême, et, bien évidemment la saladelle qui profite du dédain des herbivores pour « occuper le terrain » !

Sansouïres à l'automne

en été

Le tamaris.

Voici l'arbre camarguais par excellence. Quand le terrain lui convient bien, il peut atteindre 6 mètres de hauteur ! on l'appelle alors « gacholo ». Le tamaris semble ne subsister que par la rosée, très abondante en été. Le matin, vous remarquerez les gouttelettes des rameaux tomber comme s'il pleuvait. Pour se préserver de cette « mouillure » de l'aube, le gardian prend la précaution d'enfiler sur ses pantalons des « garamacho » (gamaches).

Le tamaris en fleurs.

Devant un tel paysage, vous éprouverez certainement une impression d'infini : tantôt, au milieu des grands plans d'eau, les salicornes recouvrent des îlots qui semblent flotter à la surface, « les radeaux » ; tantôt, sur les buttes épargnées par le sel, une série de petites pelouses se développent et se couvrent au printemps de graminées.

LA CAMARGUE BUISSONNIERE

Les dunes anciennes sont colonisées par des arbustes et des lianes à feuilles persistantes : salsepareilles, phyllaire... Les bois des Rièges, eux, sont le domaine du genévrier de Phénicie. Sachez que cette végétation forme des fourrés impénétrables ! En Petite-Camargue, on retrouve un sous-bois très voisin de celui-ci. Là-bas poussent les pins parasols.

Au creux de la dune

Les dunes littorales sont un milieu vivant particulièrement fragile. Elles forment un système complexe dont l'extension est maximale dans la région du golfe de Beauduc et sur la plage de l'Espiguette. Ces dunes abritent une flore originale et « fonctionnelle » : oyat, camomille, immortelles, chardons des sables, lys des sables servent à fixer et à édifier la dune. Faites attention ! Plusieurs passages répétés abîment les plantes et, par conséquent, détériorent les dunes.

Jonchaies et roselières

Les marais, étangs, roubines et baisses (Fossés et canaux remplis par l'eau du Rhône) sont occupés par une végétation hydrophile. Vous reconnaîtrez les « jonchaies » (domaine du jonc) et les roselières (domaine du roseau). Celles-ci se situent sur les plans d'eau douce ou légèrement salée. Elles sont le plus souvent bordées par des typhas appelées « filouso » ou « massette ».

En mai, vous ne manquerez pas d'admirer les splendides iris jaunes. Dans les eaux plus saumâtres, on trouve le triangle (scirpe maritime). Au printemps, parmi les roseaux et les triangles, pousse une jolie renoncule qui forme de vastes tapis blancs à la surface des eaux.

Dans les étangs permanents, très profonds ou très salés, existe une végétation aquatique plus ou moins dense. Potamots et myriophylles s'y développent, et, lorsque la salinité est trop forte, ils laissent la place aux ruppias et aux zostères. Cette végétation forme la « gratte » qui joue un rôle primordial dans l'alimentation des oiseaux.

Nature et culture

Les terres « hautes » protègent, elles aussi, une végétation particulière. Sur les pelouses « hautes », vous verrez le bouco et la guimauve. L'homme a développé des cultures telles que la vigne et le riz. Si la vigne occupe uniquement les terres hautes, le riz, lui, est aussi implanté sur des terres basses, partiellement salées (voir chapitre « les pieds dans l'eau, la tête au soleil »).

La ripisylve

Le « bois des rives », situé sur le bourrelet alluvial du grand Rhône est un milieu exondé, influencé par l'eau douce. Envahie par le lierre, la ripisylve abrite des chênes, frênes, peupliers blancs, saules blancs. Cette végétation, véritable enclave nordique dans un univers méditerranéen, vous charmera sans aucun doute...

Barlia : fleurit de la fin février à la fin mars.

Une note très colorée : le narcisse pourpre.

Dame de 11 heures : est-ce une heure pour se réveiller tous les ma

Dunes littorales : entre la plage et la digue à la mer s'étend un long cordon de dunes. C'est le domaine de l'Oyat.

A.P.

Lys des sables.

L'ophrys abeille : tous les insectes lui rendent visite...

Orchis bouc : une odeur persistante...

Immortelles des sables.
P.N.R.

Oeillet de la dune.

Salicorne fructicosa

Salicorne.

Celles qui résistent...

Certains végétaux, pourtant installés sur des sols perturbés, s'adaptent à toutes les situations.

Les salicornes

Les zones centrales des « baisses » (étangs fermés) sont parfois, en été, totalement abandonnées par les eaux. Le sol paraît alors trop salé pour accueillir une quelconque trace de végétation ! Pourtant, des plantes téméraires acceptent tout de même des degrés de salure impressionnants (jusqu'à 100 g/litre dit-on...). Parmi ces plantes, on trouve les salicornes glauques. Longuement inondées en période de hautes eaux, elles accumulent vase et dépôts de toutes sortes. A l'inondation, succède souvent la plus extrême sécheresse. Les sédiments deviennent des croûtes fendillées, soumises à des remontées salines, balayées par le vent... Aussi, les petits animaux des étangs sont heureux de trouver refuge dans les « tourradons » de salicornes.

Les soudes

Sur la grève des étangs, à l'étiage, les dépouilles d'êtres vivants aquatiques piégés par la descente des eaux s'accumulent. Débris d'algues vertes, plantes halophiles se mêlent aux coquillages et carapaces d'invertébrés. Ce dépôt est une véritable source de matières azotées que des plantes « terrestres » comme les soudes exploitent pour survivre !

La saladelle

La « saladelle », appelée aussi « lavande des mers », a la capacité de « filtrer » l'eau salée pour ne garder que l'eau douce. Elle rappelle la bruyère fleurie. Si la bruyère est le bouquet de prédilection des bergers de la montagne, la saladelle est celui des gardians de Camargue.

J.B.

La plante miracle

Ce curieux végétal est l'une des plantes médicinales les moins discutées. Elle est à la fois tonique, digestive, dépurative, diurétique, antiscorbutique ! La salicorne est aussi une plante alimentaire : des grains, petits et charnus, étaient jadis servis crus en salade, cuits comme des pois, en soupe et en purée...

Renoncules aquatiques.

Saladelle (détail)

Saladelle.

Souvenir de Camargue

Elle se prête fort bien à la confection de bouquets qui se conservent remarquablement bien d'une année sur l'autre. Pour le transporter sans être encombré, il suffit de ficeler votre bouquet comme un « saucisson » en commençant par les pédoncules puis les fleurs. Ne craignez pas de les abîmer ! Aussitôt libéré, le bouquet reprend sa forme initiale.

A.P.

A l'ombre des grands arbres.

Lou Mourven : trésor des Bois des Rièges

Tous ceux qui ont eu la chance de pénétrer dans les Bois des Rièges, cette presqu'île du Vaccarès, en parlent à demi-mots comme d'une précieuse relique. Les Bois des Rièges, en effet, sont peut-être la seule forêt vraiment naturelle du midi...
Des arbustes plusieurs fois centenaires, des épais fourrés de lentisques, de romarin, de cistes sont les hôtes de ces bois. Le plus spectaculaire, le plus mythique, est le Genévrier de Phénicie qui n'a rien de commun avec ses cousins épineux. On l'appelle en provençal « Lou Mourven ».
Son feuillage évoque plutôt celui des cyprès. Au printemps, il porte des cônes de couleur rouge brique.

Genévrier de Phénicie (Mourven)

P.N.R.

Diversité de la faune

La faune camarguaise offre les mêmes surprenants contrastes que la flore avec laquelle, bien entendu, elle est étroitement liée. Contraste, par exemple, entre la vie grouillante des mares et la mort des poissons pris au piège des étangs lorsque l'eau s'évapore... Entre les oiseaux migrateurs pour qui la Camargue constitue une étape et ceux, sédentaires, qui ne connaîtront jamais que son sol. Le delta possède une faune impressionnante et il est difficile de localiser toutes les espèces : d'une part, certains animaux utilisent, pour vivre, plusieurs biotopes, d'autre part, les populations se succèdent sur un même lieu au fil des saisons. Encore une fois, on ne peut évoquer que quelques espèces principales en les replaçant schématiquement dans leurs milieux.

A travers la plage et les dunes côtières

• En parcourant la vaste plage du golfe d'Aigues-Mortes, à l'embouchure du Grand Rhône, vous rencontrerez le gravelot à collier interrompu, l'huîtrier-pie, la sterne caugek.

• Les dunes littorales abritent une foule d'insectes, proie des oiseaux.

Les sansouïres et les étangs

• La sansouïre n'est pas très peuplée. Des passereaux s'abritent dans les touffes de salicornes. Vous apercevrez, sans aucun doute, l'alouette des champs, la fauvette à lunettes et la bergeronnette printanière. De nombreux insectes fréquentent également la sansouïre. En été, taureaux et chevaux des manades y pâturent (voir chap. « la foi qui sauve les taureaux » et chap. « Crin blanc »).

• Les étangs saumâtres sont le refuge des canards hivernants comme la sarcelle d'hiver. Toute l'année, vous verrez le héron cendré, et, à la belle saison, le héron pourpré. Les oiseaux limicoles (barges, bécasseaux, chevaliers etc.) se délectent, ici, d'invertébrés. Des colonies mixtes de mouettes rieuses, de sternes, d'avocettes peuplent les îlots des lagunes saumâtres. Les poissons d'eau douce — carpes, sandres — voisinent avec les espèces marines telles que la muge, tandis que les anguilles dominent nettement.

• Dans les salins, les espèces d'invertébrés sont peu nombreuses, mais celles qui y sont présentes pullulent. L'artemia salina, en particulier, fait le régal des flamants ! Vous y reconnaîtrez les mêmes oiseaux que dans les étangs saumâtres.

Pelouses et marais

• C'est dans la pelouse à saladelles que vous croiserez des herbivores à la recherche de leur nourriture (lapins, insectes) des granivores (mulots, campagnols) et des carnivores tels que le renard, la belette, le blaireau... Là où l'eau ne stagne pas, vous remarquerez dans les tamaris les peupliers blancs, le faucon crécerelle et le milan noir. Rolliers, huppes, petits ducs et chouettes chevèches occupent les arbres creux.

• Les marais doux abritent une riche faune d'invertébrés (crustacés et larves de divers insectes). Vous apercevrez l'échasse et autres limicoles. Sur les rives des étangs en voie d'assèchement, vous verrez les hérons cendrés et pourprés, les aigrettes, les mouettes et goélands, à la recherche des poissons et des invertébrés.

• Les roselières sont le domaine privilégié des reinettes. Avec de la patience, vous apercevrez aussi, dans ce milieu abrité, les foulques, rousserolles, busards des roseaux et bien d'autres oiseaux qui viennent y nicher. Parmi les mammifères, le ragondin et le sanglier sont les occupants principaux alors que la loutre est devenue rarissime.

Les forêts du bord du Rhône

Dans les arbres de la ripisylve, les rapaces, certains hérons et de nombreux passereaux trouvent refuge. Et, si la disparition de nombreux ormes a pour conséquence la dégradation d'une niche écologique déjà rare en Camargue, il y a, en revanche, une augmentation du nombre des insectes qui hivernent sous l'écorce des arbres morts. Enfin, c'est ici que, la nuit, vous surprendrez les nombreux castors du Rhône.

Le bûcheron de Camargue

Des bulles d'air et des ondes concentriques troublent, un instant, l'eau du Rhône. Soudain, une tête fait surface : des petits yeux ronds comme des billes scrutent l'horizon et de courtes oreilles se dressent pour épier le moindre bruit.

Un garde-manger bien garni

Nous sommes en automne et il est temps que le castor songe à préparer son hiver. Silence alentour. L'animal, rassuré, émerge complètement et se laisse porter par le courant. Puis, il tourne, nage vers la rive et accoste. Il gravit la berge et se retourne encore, accroupi sur ses pattes de derrière. Enfin, il s'enfonce rapidement dans l'obscurité du bosquet. Que va-t-il choisir pour garnir son garde-manger ? Ecorces, feuilles, pousses tendres des saules et des peupliers... Le transport des marchandises s'effectue soit par voie de terre, soit par voie d'eau.

Crapaud pélobate, ses pattes arrières ont deux couteaux pour s'ensabler jusqu'à un mètre sous les dunes.

La grenouille bleue ou la prière au bon forestier. Paul Fort.

Nous vous en prions à genoux, bon forestier, dites-nous-le ! à quoi reconnaît-on chez vous la fameuse grenouille bleue ? à ce que les autres sont vertes ? à ce qu'elle est pesante ? alerte ? à ce qu'elle fuit les canards, ou se balance aux nénuphars ? à ce que sa voix est perlée ? à ce qu'elle porte une houppe ? à ce qu'elle rêve par troupe ? en ménage ? ou bien isolée ?
Ayant réfléchi très longtemps et reluquant un vague étang, le bonhomme nous dit : Eh ! mais, à ce qu'on ne la voit jamais.

Mais oui. On peut la voir ! Il naît, paraît-il, une rainette bleue sur 10 000 !

Agrion ou « Demoiselle »

Orthéthrum cancelle.

Crocothémis Eurythréa. J.M.R.

Le lézard vert : il est très abondant sur les bords des marais et aux alentours des mas.

Une vocation de bâtisseur
C'est à ce moment-là, lorsque la nuit est claire, que vous pourrez le surprendre... Il nage ou fait flotter au fil de l'eau ses « provisions »... Si l'un des canaux utilisés est insuffisant, le castor n'hésite pas à bâtir des digues qui provoquent, d'ailleurs, des débordements intempestifs. On imagine la colère des agriculteurs le lendemain ! Pour gagner du temps, le castor sélectionne les arbres les plus près des roubines et des fossés. Il calcule leur point de chute afin que la cime tombe directement dans l'eau. En général, il abat les arbres et débite, en une seule fois, branchages et rameaux. Mais, s'il n'y parvient pas, qu'à celà ne tienne, il revient les nuits suivantes parfaire son bûcheronnage...

Les caprices de la couleuvre de Montpellier

On l'appelle, communément, « cobra de Camargue ». Au moindre bruit, la couleuvre de Montpellier, se sentant menacée, adopte des postures similaires à celles du cobra. Elle se gonfle, se dresse à la verticale, observe le danger, souffle très fort. Fréquemment, elle attaque sans vergogne : d'une détente brusque, elle projette sa tête en avant et mord.

J.B.

Crache ton venin !
Mais, attention, la couleuvre de Montpellier n'est pas une couleuvre ordinaire... Elle est venimeuse. En effet, bien qu'ayant une queue effilée et des pupilles rondes — attributs classiques de la couleuvre — elle possède également de grandes dents meurtrières. En moins d'une demi-heure, rongeurs et oiseaux meurent d'un arrêt cardiaque. Rassurez-vous cependant ! les cas d'envenimement chez l'homme sont extrêmement rares. L'ouverture de la gueule du serpent est minime et seul un doigt peut être « crocheté ». De toutes façons, le venin, — dont les effets rappellent ceux que cause le venin du cobra — ne semble pas de nature à tuer un homme. Si par hasard elle

Le castor vit dans des terriers.

P.N.R.

Traces de castor.

Couleuvre de Montpellier.

croise votre route, vous la reconnaîtrez facilement : sa tête est longue et étroite, son cou marqué. Ses yeux surplombés par une arcade sourcillière proéminente se prolongeant vers le museau, sont immenses et agressifs.

Une boulimie déclarée

Sans préjugé aucun, la couleuvre de Montpellier fréquente tous les milieux, sauf les dunes littorales. On la trouve partout où vivent de petits mammifères, oiseaux, serpents... Elle est, dit-on, capable d'avaler un reptile aussi gros qu'elle ! Toujours est-il que la couleuvre de Montpellier ne recule même pas devant le lézard ocellé adulte, mais, au contraire, le poursuit et le dévore. Pour satisfaire son appétit, elle n'hésite pas à grimper aux arbres afin de dénicher les oisillons dans leurs nids. Quand le cœur lui en dit, il lui arrive, aussi, de nager. Pourtant, on raconte, en Camargue, qu'une couleuvre de Montpellier s'est noyée dans la citerne d'arrosage d'un vignoble ! Tragédie du sort.

J.B.

Vous avez dit bousier ?

Le bousier d'Europe, bien représenté en Camargue, n'est pas aussi exotique que son frère le scarabée égyptien. Pourtant, il mérite quand même notre attention à cause, ou en dépit, de son curieux mode de vie.

Le boursier affectionne les endroits très ensoleillés, là où la terre est meuble. Sa nourriture se compose exclusivement d'excréments : il est coprophage.

La moindre bouse de vache, crottes de moutons ou de lapins sont rapidement colonisées par les bousiers. En très peu de temps, ils engloutissent leur « nourriture ». L'activité intense qu'ils déploient alors pour débarrasser le sol des souillures animales est d'une grande utilité publique.

Le bousier détache une parcelle de matière qu'il pétrit, comprime, roule en une pilule plus grosse que lui. Ensuite, il s'éclipse pour cacher dans un trou son « festin ».

Il en est de même pour l'incubation : après l'accouplement, la ponte est déposée dans une bouse fraîche et liquide. Parfois, plusieurs centaines d'individus cohabitent au sein d'une bouse unique. Alors, la compétition alimentaire est sans répit et la mortalité élevée : chaque larve mène une véritable « course contre la mort ». Que le meilleur gagne !

J.B.

Le jour, les sangliers se tiennent généralement dans les roselières et dans les Bois des Rièges. Pour se nourrir, ils parcourent la nuit de longues distances. D'ailleurs, ils courent plus vite qu'un cheval au galop et n'hésitent pas à attaquer quand ils se sentent en danger. Au lendemain des fortes pluies, leurs traces fraîches sont très visibles.

Une réserve fabuleuse d'oiseaux.

Mouette mélanocéphale. Vous la reconnaîtrez à ses ailes, toutes blanches.

Seule, une vingtaine de couples niche en Camargue.

Située à la charnière entre les grandes masses continentales eurasiatiques et africaines, bénéficiant d'un climat relativement serein (en principe, le sol et les plans d'eau ne gêlent pas...), la Camargue est un lieu de prédilection pour tous les migrateurs. Elle représente une fabuleuse réserve d'oiseaux bien connue des ornithologistes du monde entier !

Connaissez-vous les palmipèdes ?

Les canards :

La Camargue est le principal quartier d'hiver de milliers d'anatidés. Pendant la journée, ils s'installent au cœur des étangs les plus isolés. Le soir venu, chacun part à la recherche de sa nourriture :

- les sarcelles d'hiver en bordure des marais d'eau douce ;
- les chipeaux vers le milieu de ces marais ;
- les siffleurs et les pilets en eau saumâtre ;
- les milouins, les nettes rousses, les morillons en eaux plus profondes ;
- les colverts et les souchets, eux, se trouvent partout.

Au printemps, ils repartent en grandes envolées vers l'Europe du Nord. Seuls, quelques colverts et foulques, population sédentaire, demeurent pour nicher.

Les canards de surface

Vous les verrez rechercher leur nourriture, soit en promenant leur bec à la surface de l'eau (ce bec filtre la vase et ne retient que les particules nourricières) soit en fouillant la vase du fond (dans cette posture, seul l'arrière-train émerge...).

Vous les identifierez de loin grâce à leur stabilité lorsqu'ils « flottent » sur l'eau. A l'envol, aucun élan n'est nécessaire : ils s'élèvent directement de l'eau. En vol, leurs larges ailes effilées battent moins rapidement que celles des canards plongeurs. Vous apercevrez, alors, une marque de couleur bordée de blanc, appelée « miroir ».

Les canards plongeurs

Ils se nourrissent presque toujours en plongée, d'herbes et de mollusques au fond des marais. Vous trouverez que, sur l'eau, leur silhouette est lourde et massive. Et, à terre, leur démarche paraît également pénible. L'envol ne s'effectue qu'à l'aide des pattes après un élan assez long. Vous remarquerez leur vol, caractérisé par des battements d'ailes très rapides.

Les tadornes : intermédiaires entre les canards et les oies

Leur nourriture se compose de crustacés, mollusques, algues. Les deux sexes ont le plumage identique. Cependant, vous reconnaîtrez le mâle à la caroncule qu'il porte sur le bec. Les tadornes sont cavernicoles : ils nichent principalement dans les terriers des lapins. Le tadorne de belon occupe le même habitat de reproduction que le flamant. La création de réserves et la protection intégrale dont bénéficie l'espèce depuis 1962 ont contribué à la nette augmentation de leurs effectifs.

Grâce au baguage, on a repéré les déplacements d'oiseaux qui quittent la Camargue et traversent la France, l'Allemagne et la Hollande pour rejoindre les lieux de mue utilisés dans le Nord-Ouest de l'Europe.

Les mouettes et les goélands

Ils fréquentent surtout les ports, égouts et décharges publiques... Vous pourrez, d'ailleurs, éventuellement les approcher : ils ne craignent pas le voisinage de l'homme. Très grégaires, ces oiseaux nichent en colonies et sont présents toute l'année en Camargue.

Les sternes et guifettes

Vous rencontrerez les sternes (hirondelles des mers) vagabondant, surtout d'avril à septembre, à peu de distance du rivage marin, alors que les guifettes, elles, recherchent les marais et les eaux douces.

EMPLOI DU TEMPS DU CANARD HIVERNANT

Plusieurs milliers d'oiseaux aquatiques arrivent à l'automne en Camargue.

Le jour, ils stationnent sur des plans d'eau couverts et dépourvus de végétation émergée « les remises ». L'effet de groupe induit par ces grandes concentrations permet une vigilance collective. C'est sur les remises que les oiseaux exercent « leurs activités de confort ». (Sommeil ; bains de soleil ; toilette ; nage).

Là, un groupe de milouins et de nettes rousses dérangé par des prédateurs : Goéland argenté et busard des roseaux. Ce « dérangement » est fréquent plusieurs fois par jour ! Les oiseaux tout d'abord, se regroupent. Puis, lorsque le danger se précise, ils s'envolent rapidement. Certains anatidés, telles les sarcelles d'hiver, en ont pris l'habitude et savent que le danger est relatif : géoland et busard ne peuvent pas s'emparer de canards en bonne santé ! Par contre, le faucon pèlerin est un des ennemis les plus redoutés...

Vol de sarcelles d'hiver : canards de surface les plus typiques.

Les parades nuptiales sont de plus en plus fréquentes dès décembre. En effet, l'accouplement a toujours lieu avant le départ en migration. Une véritable frénésie sexuelle s'empare alors des canards !
Mâles en parade autour d'une femelle.

Le canard colvert est le plus uniformément réparti sur tout le delta. La majorité des individus reste cependant confinée sur le territoire de la Réserve Nationale.

Canetons de colverts.

Durant la journée, les canards dorment la tête sous l'aile. Pourtant, leur sommeil n'est jamais profond. Ils se réveillent plusieurs fois par minute (la crainte des prédateurs...) et corrigent leur dérive d'un coup de palme, réajustant à la nage leur position. Ils aiment rêver au soleil et pivotent sur eux-mêmes comme des tournesols pour profiter de chaque rayon ! Enfin, c'est aussi sur la « remise » que les oiseaux font méthodiquement leur toilette. Par là, ils assurent l'étanchéité de leur plumage. D'ailleurs, à la saison de la mue, ils consacrent presque 3 heures par jour à cette occupation !

Le froid, le soir, réveille les canards endormis. Par bandes, ils quittent les étangs de la réserve pour rejoindre les terrains de « gagnage ». Ce sont des milieux peu inondés ou des marais peu profonds. Toute la nuit, les oiseaux avalent dans un grand tumulte les graines, coquillages et petits crustacés qui abondent. Pendant ce temps, ils gardent entre eux un contact « vocal » afin de maintenir « l'esprit d'équipe » et, probablement, de rechercher ensemble la nourriture.

Colonie de sternes et mouettes.

éland railleur. La Camargue est le seul endroit (dans les lagunes sautres) où il niche.

issin de mouette rieuse. La mouette rieuse est l'espèce la plus abondante. On la rencontre sur les îlots des lagunes saumâtres où elle cohae avec la sterne.

Goéland leucophée adulte (goéland argenté). Rare jusqu'en 1950, il s'est rapidement développé avec l'apparition du complexe de Fos-sur-Mer. Ce prédateur cause des dégâts considérables.

Connaissez-vous les échassiers ?

9 sortes de hérons

Très sociables, les ardéidés (famille des hérons) nichent en colonies mixtes. Pêcheurs confirmés, ils trouvent, en Camargue, une multitude de milieux propres à leur nourriture. Ils sont tous protégés par la loi. 9 hérons fréquentent le delta du Rhône et 8 s'y reproduisent. Très vite, vous les distinguerez :

Le héron cendré

Il niche en colonies dans les roselières et les tamaris. Diurne et nocturne, selon les circonstances, le héron cendré pêche à l'affût ou en marche lente. Il fréquente généralement les espaces ouverts des marais d'eau douce et les lagunes saumâtres. La Camargue accueille également des hivernants. Cependant, les générations de l'année, dès l'envol, se dispersent à la recherche de nouveaux territoires.

Le héron pourpre

Totalement migrateur, le héron pourpre revient de ses quartiers d'hiver africains dès la mi-mars. Il niche dans les roselières et pêche généralement à l'affût dans la végétation des marais d'eau douce et des roubines. Il migre en septembre.

L'aigrette garzette

Les aigrettes s'associent, pour nicher, à d'autres ardéidés arboricoles (bihoreaux et garde-bœufs). Strictement diurnes, elles chassent à l'affût, en marche lente ou en courant, les ailes déployées. Pour débusquer une proie, elle utilise parfois le « tremblement d'une patte ». Elles migrent vers leurs quartiers d'hiver en septembre-octobre, mais 1/10e de la population passe l'hiver dans le delta.

Le héron bihoreau

Il fréquente les marais d'eau douce. De mœurs crépusculaires et nocturnes, il chasse en marchant ou bien à

Héron pourpré.

Grand butor en alerte.

l'affût sur un poste d'observation. Il lui arrive de plonger dans l'eau depuis son perchoir. Le plus grand nombre part en septembre-octobre vers l'Afrique.

Le héron crabier
Il niche dans les arbres, en compagnie d'autres hérons, ou dans les roseaux. Il chasse, surtout au crépuscule, à l'affût ou en marche lente avec les pattes fléchies, soit sur la terre, soit sur l'eau. Il fréquente les eaux peu profondes et bordées de roseaux dans les marais et les roubines. Il quitte la Camargue en septembre-octobre pour revenir de son hiver africain vers la fin mars, début avril.

Le grand butor
On le rencontre toute l'année. A l'inverse des autres hérons, il niche isolément dans les roselières. Il pêche à l'affût surtout des proies lentes. En hiver, quelques-uns migrent.

La grande aigrette
Elle se différencie des autres hérons blancs par la coloration jaune de son bec. Elle pêche à l'affût ou en marche lente avec généralement de l'eau jusqu'au ventre. Depuis 1964, quelques-unes hivernent en Camargue.

Le blongios nain
Cette espèce se raréfie inexorablement. Le blongios niche dans les roselières. Migrateur, il part en septembre, pour revenir en avril-mai.

Le héron garde-bœuf
Depuis 20 ans, il niche en colonies avec les aigrettes, les crabiers, et les bihoreaux. Strictement diurne, il chasse surtout les insectes, saute et vole autour des taureaux.

Hérons bihoreaux perchés.

Garde-bœufs entre des moutons.

Aigrette tenant dans son bec une sangsue. Tout comme l'aigrette, la sangsue est une espèce protégée en Camargue. En effet, les laboratoires pharmaceutiques en prélevaient de façon abusive !

Sur les traces des flamants.

Avant de pondre son œuf annuel, le flamant construit un nid, sorte de petit monticule de boue émergeant au-dessus de l'eau.

P.N.R.

LES FLAMANTS ROSES

Plus encore que le taureau ou le cheval, le flamant (« bécarut » pour le camarguais) est l'animal symbole de la Camargue.

Portrait robot

Perché sur de longues jambes à l'apparence fragile, le flamant rose possède un corps assez gros, un cou flexible terminé par un bec étrange, énorme, rose à la base et noir à la pointe. Son œil est jaune vif. Le dessous des ailes, d'un rouge carmin qu'on ne voit qu'au vol, contraste avec le noir profond des rémiges.

Le flamant rose se nourrit de minuscules crustacés qu'il pêche avec son bec dans la vase des étangs sans cesse remués par ses pattes.

Une parade spectaculaire

Dès le mois d'avril, parfois plus tôt, les premiers « désirs amoureux » apparaissent chez les adultes âgés de 4 à 5 ans. La parade nuptiale est un ballet spectaculaire : les flamants, ailes déployées, se déplacent frénétiquement au sol, cou tendu, et agitent la tête de gauche à droite.

L'œuf annuel

Avant de pondre (un œuf par an !), le flamant construit un nid, sorte de petit monticule de boue émergeant au-dessus de l'eau. Le petit flamant ne prend cette couleur rose qu'au bout de 3 ou 4 ans.

Sauvons les flamants !

Le parc s'emploie à protéger les flamants en créant des zones entièrement surveillées où ils peuvent se reproduirent sans être dérangés. La Société des Salines, propriétaire du sol, a toujours interdit ce territoire aux visiteurs et même à ses techniciens. Depuis quelques années, la surveillance a été renforcée et confiée au parc naturel (soutenu par le WWF) et à la réserve volontaire de la Tour du Valat.

Grâce à ces mesures de protection, le nombre des flamants a sensiblement augmenté en Camargue.

L'étude de la migration

La conservation d'une population ne dépend pas du seul succès de reproduction. L'objectif des recherches sur le flamant concerne maintenant la migration et la conservation de l'espèce. 6 000 poussins ont été récemment bagués. Ce procédé a permis entre autre de constater la dispersion de jeunes jusqu'au Sénégal !

H.S.

L'huîtrier-pie. La grande majorité se reproduit dans les salines d'Aigues-Mortes. Il niche isolément sur des îlots ou sur des lagunes non loin de la mer.

Echasse blanche. Vous l'apercevrez surtout dans les rizières et les marais doux ou légèrement saumâtres, parfois dans les salines.

Les poules d'eau et les foulques

Les poules d'eau vivent cachées dans la végétation des marais et les foulques à découvert sur les eaux douces. Vous les reconnaîtrez à leur nage saccadée, leur tête inclinée vers l'avant à chaque coup de leurs pattes. Foulques et poules d'eau courent sur l'eau pour s'envoler.

Les limicoles

Au printemps et à l'automne, périodes de la migration, d'innombrables vols de limicoles font volontiers escale en Camargue au cours de leur voyage de la toundra aux tropiques ! Certains préfèrent les salines et les étangs d'eau saumâtre : le chevalier combattant, le bécasseau variable, le chevalier gambette... D'autres préfèrent les marais d'eau douce et les rizières : chevalier sylvain, chevalier cul-blanc, bécassine des marais... Un troisième groupe se trouve aussi bien sur l'eau douce que sur l'eau salée : barge à queue noire, chevalier aboyeur, chevalier arlequin, chevalier guiguette...

CONNAISSEZ-VOUS LES PASSEREAUX ?

Mis à part quelques espèces qu'on peut chasser (grives, merles, étourneaux...) les passereaux sont protégés par la loi. A peu près 120 espèces de passereaux passent en Camargue au printemps et à l'automne ou y séjournent pour nicher. Rolliers, guêpiers, huppes viennent, de leurs quartiers d'hiver africains, dans le delta uniquement à la belle saison élever leur progéniture. C'est près des routes (ils chassent à l'affût) que vous aurez le plus de chances de les rencontrer. La pie, le choucas sont des oiseaux sédentaires, pilleurs de nids, pratiquement omnivores. En général, vous rencontrerez les passereaux dans les champs, bois, marais, dunes...

Avocette et son poussin. Qu'elle se trouve au sol, sur l'eau ou en plein vol, l'avocette se distingue par sa beauté et sa grâce. Chez elle, tout évoque l'harmonie.
Vous remarquerez son plumage, noir et blanc, extrêmement contrasté, ses pattes élancées d'un gris-bleu, son bec retroussé en avant. A cause de ce bec à pointe fine, l'avocette ne peut pas fouiller la boue à la recherche de sa nourriture mais elle est particulièrement douée pour capturer les proies en eau profonde.
Vous l'apercevrez « cueillir » à la surface des eaux de petits crustacés. Il lui arrive aussi de nager afin de pêcher en eau plus profonde.
Parfois plusieurs avocettes s'associent et forment un demi cercle pour capturer leurs proies.

Bécassine des marais. Elle vient de Scandinavie, Finlande et Russie. Plusieurs milliers passent ou hivernent en Camargue mais, comme ces oiseaux restent dans les marais, il est difficile de les recenser.

Bécasseaux Sanderlings. C'est un migrateur surtout abondant au printemps. Vous le verrez dans les salines et en hiver sur les plages.

Le martin pêcheur. Il niche ça et là le long des roubines et du Petit Rhône. Il pêche également le long des roubines et sur les marais d'eau douce, parfois des salines.

La bergeronnette printanière. Elle est la seule, avec la fauvette à lunettes, à nicher dans les touffes de salicornes de la sansouïre.

La huppe. C'est un nicheur répandu. Elle niche dans les trous d'arbres et de constructions, chasse au sol en lisière des formations boisées.

J.B.

CONNAISSEZ-VOUS LES RAPACES ?

Vous verrez évoluer librement, en Camargue, une vingtaine d'espèces. Longtemps pourchassés, craints par le paysan pour ses volailles, par le chasseur pour son gibier, ils étaient classés « nuisibles ». Maintenant, les scientifiques s'accordent sur leur utilité, car leur présence est synonyme de richesse.

Faucon pèlerin. Ce prédateur est un oiseau « bombe » qui détient le record du monde de vitesse : 430 km à l'heure !

Chouette effraie au nid.

J.B.

Chouette chevêche. Lors des vagues de froid, on assiste à un afflux hivernal des sujets plus nordiques.

Une note tropicale : LE ROLLIER ET LE GUEPIER

Migrateurs tardifs, le rollier et le guêpier arrivent en France avant la mi-avril et s'en retournent dès le mois d'août. La Camargue est la terre d'élection de ces deux superbes oiseaux dont la rutilance du plumage trahit l'origine africaine.

Le guêpier : chasseur d'Afrique

Malgré son nom, cet insectivore ne chasse pas uniquement les guêpes ! il capture volontiers tous les gros insectes volants. Le guêpier vit en colonies. Souvent, vous apercevrez, haut dans le ciel, lançant leur « gluip-gluip-gluip » liquide, une troupe en train de chasser les insectes en vol. Observez-les. Quand la victime est de taille trop importante pour être gobée dans l'instant, le guêpier se perche sur une branche et l'assomme à coups de bec avant de l'avaler sans scrupules...

Il niche dans les terriers

Si, en vous promenant au bord du Rhône, vous rencontrez une butte percée d'une multitude de galeries, nul doute, c'est l'œuvre des guêpiers. En effet, ils se reproduisent au fond d'un terrier humide. Etrange paradoxe, non, pour des oiseaux tropicaux ? Mâle et femelle participent au forage de leur terrier. A tour de rôle, ils pénètrent dans le tunnel et s'activent avec acharnement : le bec sert de pioche, les pattes évacuent le sable fin. Ce tunnel peut atteindre 2,50 m de long pour un diamètre de 5 à 8 cm. Il se termine par une vaste chambre où seront déposés les œufs. Pendant trois semaines, le couple se relaie pour assurer l'incubation. Les œufs éclos, ils reviennent encore au nid pour nourrir les poussins et, avant de repartir, avalent leurs fientes ! Lorsque les enfants grandissent, ils s'avancent à tour de rôle dans le couloir du terrier pour recevoir la becquée car, dans la « chambre » la latitude de mouvement n'est pas suffisante pour permettre aux parents de faire demi-tour.

Après la période d'élevage, les jeunes guêpiers apprendront à chasser et, à mi-août, ils s'envoleront, en famille, vers la lointaine Afrique.

Le rollier. Il a la taille d'une tourterelle. Ce bel oiseau est très rare ! On le retrouve en Camargue mais surtout en Crau. Les Camarguais le considèrent d'ailleurs comme un porte-bonheur et lui prêtent des vertus bénéfiques.

J.B.

Le guêpier (chasseur d'Afrique). C'est le représentant le plus nordique d'une famille d'oiseaux très colorés qui comptent 25 espèces. Les oiseaux qui nichent sous les tropiques sont sédentaires, alors que les plus marginaux comme le nôtre sont migrateurs.

Le rollier : toutes les proies sont bonnes

Cet oiseau doit son nom au mouvement de « roulis » qu'il effectue au moment de la parade nuptiale ! Au cours du vol, l'oiseau oscille rapidement autour de l'axe de son corps. A la différence du guêpier, le rollier ne vit pas en colonies. Chaque couple se réserve son territoire intime qu'il défend farouchement. Les rolliers ont un régime proche de celui des petits faucons. Outre les insectes volants qu'ils capturent au vol, ils attrapent également de gros coléoptères, des scorpions, des lézards, des grenouilles. Pour nicher, ils occupent un tronc d'arbre ou toute autre cavité « prête à l'emploi ». Leur hygiène n'a rien à voir avec celle du guêpier ! Ce sont les excréments et les pelotes de déjection qui constituent l'essentiel du nid ! Cela ne semble d'ailleurs pas perturber les jeunes rolliers qui, très tôt, volent de leurs propres ailes.

LE MYSTERE DES GRANDS VOYAGEURS

D'où viennent ces oiseaux qui nichent au printemps en Camargue ? Où vont-ils ? Le phénomène de la migration a toujours fasciné l'homme : des gravures du Moyen-Age figurent nos hirondelles passant l'hiver au fond des lacs, sous la glace !
A ces hypothèses naïves succédèrent des procédés d'observations scientifiques. Outre l'observation « directe », à l'aide de puissantes jumelles, on inventa au XIXe siècle le « baguage », utilisé plus que jamais aujourd'hui.

Le procédé du baguage apporte des informations précises et fiables sur les voies de migrations, la durée des étapes, la vitesse de déplacement, la fidélité aux sites, la physiologie (état d'engraissement, mue...) et, enfin, la biométrie (mesure de l'aile, du bec...).

Question de méthodes

Les ornithologistes capturent des oiseaux en usant de méthodes différentes selon les saisons et les espèces.
Au printemps et en automne, on « prélève » des passereaux avec des filets japonais. Ces filets sont munis de plusieurs poches dans lesquelles les oiseaux se prennent.

Aussitôt bagués, les « captifs » sont relâchés. Un jour, dans le monde, on retrouvera ces oiseaux et on en déduira leurs lignes de migrations. Les ornithologistes racontent l'exploit d'un rouge-queue à front blanc pas plus gros qu'un canari. Bagué à la station de la Tour du Valat, il a été retrouvé un mois plus tard à Léningrad. Il avait parcouru au moins 2 500 km !

L'hiver, on capture les palmipèdes avec des nasses placées sur les remises. Des portes à sens unique s'ouvrent au ras du sol inondé. Des volées de riz, semées en avant et en deçà des issues attirent les oiseaux. Leur méfiance naturelle est endormie par les cris irrésistibles d'appelants apprivoisés placés à l'intérieur des nasses. La « récolte » des oiseaux se fait au petit matin et la captivité ne dépasse jamais trois heures. Pour l'anecdote : un colvert a été « lâché » et repris 2 jours plus tard à près de 300 km du lieu de baguage. Il en est de même pour ce traquet motteux retrouvé à 800 km... 24 heures après !

Une pose simple

On adapte sur l'une des pattes de l'oiseau une bague en aluminium extrêmement légère. Sur cette bague sont gravés le numéro personnel de chaque individu, et l'adresse du Museum d'Histoire naturelle d'où il provient. Que faire si, sur votre chemin, vous trouvez un oiseau bagué ?

Relevez soigneusement toutes les inscriptions lisibles sur la bague et envoyez-les (avec vos nom et adresse si vous voulez avoir ensuite des nouvelles...), date et lieu de la découverte au Centre de Recherche sur la Biologie des Populations d'Oiseaux d'eaux (C.R.B.P.O.) 55, rue de Buffon 75005 Paris qui centralise et coordonne en France toutes les informations et les activités de baguage.

A tire-d'aile

Le mouvement dans l'espace et dans le temps est sans doute un des principaux traits des peuplements d'oiseaux en Camargue.

Voler dans l'espace

Les oiseaux effectuent un va-et-vient incessant entre les lieux de reproduction, les dortoirs et les territoires d'alimentation.
La sterne hansel, par exemple, niche sur les « radeaux » de Basse-Camargue et va chasser en mer ou sur les pelouses ; le rollier niche dans les vieux arbres et se nourrit dans les milieux herbacés ; l'aigrette niche dans la ripisylve et pêche à l'affût dans les marais, les rizières et les lagunes ; le canard hivernant, enfin, remisé de jour sur les plans d'eau des réserves s'alimente la nuit dans les marais et les champs... (voir chapitre « l'emploi du temps du canard hivernant »).

Le fusil à l'épaule

Coucou

Installation de filets pour la capture d'oiseaux à « baguer ».

Voler dans le temps

Nous sommes en été et les populations sédentaires vaquent à leurs occupations quotidiennes... Les nicheurs, venus d'Afrique en mars-avril se reproduisent. Ils ont à peine terminé de se disperser que, dès juillet, les limicoles et les premiers passereaux migrateurs chassés par la rigueur du climat de la toundra, arrivent à leur tour... Ils font une escale en Camargue puis continuent leur voyage transméditerranéen et transsaharien qui les amènera sous les tropiques... Ils côtoient un moment les hivernants de l'Europe du nord qui viennent passer la mauvaise saison dans le delta... Ils repartiront au printemps lorsque s'amorce le grand retour des nicheurs !

Des chasseurs sachant chasser

Bien qu'interdite dans les deux réserves et sur une partie du territoire des salines, la chasse constitue encore une activité traditionnelle et surtout lucrative. Moyennant le permis, chacun peut chasser soit sur les petites parcelles et le domaine public, soit le long des routes. Les grands propriétaires réglementent une chasse par affermage des droits. Aujourd'hui, on assiste à de véritables « chasses d'affaires » auxquelles, pour une journée, un week-end, le propriétaire convie ses « amis actionnaires ».

On chasse à terre (de la mi-août au premier dimanche de janvier) : sangliers, lièvres, lapins, etc. ; dans l'eau (jusqu'au 26 février) : canards, foulques, limicoles... Quelques espèces, cependant, sont protégées toute l'année par la loi : tadornes, hérons, flamants, grands échassiers, rapaces et presque tous les passereaux.

La passée, l'affût, la battue

Les oiseaux d'eau, du fait de leur abondance, représentent le gibier le plus classique du delta. On les chasse à la passée, à l'affût et à la battue. La passée et l'affût s'inspirent du mode de vie des canards : les chasseurs les guettent lorsqu'ils s'envolent pour rejoindre la réserve. Postés sur un terrain public, le long des routes, ils tirent sur les oiseaux qui passent. Ceux-ci répliquent, d'ailleurs, très bien : aussitôt après l'ouverture, ils comprennent qu'il suffit de voler assez haut pour être épargnés !

A l'affût, le rendement se révèle nettement meilleur : on se tient au bord de l'eau, au petit jour, ou à la tombée de la nuit et on tire sur les canards qui se posent.

La battue, ou traque, est réservée aux chasses privées de grandes superficies et se pratique 4 ou 5 fois au cours de la saison. La remise sur laquelle les oiseaux passent la journée est encerclée par les chasseurs. L'un d'eux, alors, part en barque sur l'eau dans le but d'effrayer les animaux qui, effectivement, fuient en toutes directions. Il ne reste plus, ensuite, qu'à les abattre.

Une mort à retardement

Lorsqu'une cartouche n'atteint pas le gibier convoité, elle peut tout de même le tuer ! Ainsi, les canards, victimes cette fois de leur gloutonnerie, confondent souvent les plombs perdus dans les marais avec de petits coquillages et les avalent aussitôt. Or, un seul plomb dans l'estomac d'un canard a des chances d'être mortel. Empoisonné, l'oiseau dépérit et finit par succomber au bout de quelques mois.

Au fil de l'eau

H.S.

La chute des oiseaux d'eau

« En Camargue, la taille du peuplement d'anatidés a diminué de 40 % de 1975 à 1985 et cette chute concerne toutes les espèces », constate Alain Tamisier, chercheur au C.N.R.S. Il ajoute que, depuis une quinzaine d'années, la pression de chasse a augmenté alors que les oiseaux tués diminuent. C'est « l'overchasse ».

Devant un tel résultat, une solution doit être envisagée. Il ne s'agit absolument pas de supprimer l'activité cynégétique, ressource économique certaine, mais d'intégrer intelligemment la composante « chasse » : la population d'anatidés doit être mieux gérée, en réduisant l'intensité et la durée de la chasse, en respectant les lois biologiques de la nature (on sait, par exemple, que la chasse de nuit intempestive inhibe le stationnement d'oiseaux d'eau).

Enfin, pourquoi la Camargue ne trouverait-elle pas son équilibre — financier, écologique — en favorisant un tourisme « malin » fondé sur la découverte de la nature ?

Pour les gens du pays, la pêche est un passe-temps plutôt qu'un métier. Elle se pratique surtout dans les étangs et les roubines. Les pêcheurs partent poser leurs filets (ou nasses) dans une barque à fond plat, propulsée par une partègue (sorte de longue perche en bois).

On capture essentiellement des poissons d'eau douce tels que la sandre, le brochet, les carpes. Celles-ci sont très nombreuses : au début du printemps, à la saison du frai, vous pouvez voir leurs bandes remonter les roubines en rangs serrés. Elles se répandent même dans les prairies inondées où elles font le délice des renards ! Les Camarguais, eux, considèrent la carpe avec indifférence tout comme, d'ailleurs, les brèmes, perches, tanches, rotengles...

Anguilles sous roche

Les anguilles, par contre, sont très recherchées. C'est en les piégeant avec leurs « trabacs » placés en travers des canaux que les garde-chasse arrondissent leurs fins de mois ! L'anguille constitue un revenu commercial non négligeable dans l'économie du delta : la Camargue est le premier exportateur de France.

Capturées vivantes, elles sont acheminées par camions-citernes en direction des Pays-Bas qui les renvoient sous forme de poisson fumé !

Outre les espèces d'eau douce, on capture aussi des espèces marines : plies, dorades, loups, muges. Ces poissons s'aventurent dans les eaux saumâtres et les lagunes littorales du Vaccarès. Ils s'abritent ainsi des tempêtes hivernales. Lorsque les étangs sont gelés, on trouve des milliers de muges engourdies par le froid. Jadis, elles étaient alors conservées dans des jarres de saumure en prévision de la disette. C'était la fameuse « Martégado ».

Comme un poisson dans l'eau

Deux piscicultures ont été installées en Camargue. On a même introduit d'autres espèces plus rentables : la carpe cuir, la carpe miroir, le silure d'Europe centrale, l'amour, un cyprinidé importé de Chine et le sandre, originaire du Danube, dont la chair, très appréciée, rappelle celle du brochet (dont il a les mêmes mœurs) et celle de la perche. Toutes ces espèces se sont tellement bien acclimatées aux eaux camarguaises qu'elles ont même fait disparaître certains poissons locaux !

La pêche aux tellines

Le long des plages, vous apercevrez des pêcheurs de tellines qui tirent un lourd engin : le tellinier.

Le tellinier est une curieuse cage grillagée ouverte à l'avant et à l'arrière. A l'avant, des dents acérées servent à racler le sable et donc à récolter les tellines, petits coquillages typiquement camarguais. A l'arrière, un filet permet de les récupérer. Certains pêcheurs (appelés également « telliniers ») pratiquent en professionnels cette activité. D'autres s'y livrent en amateurs.

Rejetez les petites tellines !

On assiste cependant à des abus : plusieurs portions du littoral sont absolument « passées au peigne fin », ce qui entraîne, évidemment, une raréfaction de la telline. Il faut donc rejeter les petites tellines qui, pêchées prématurément, ne pourraient se reproduire (pour être en règle, s'adresser au syndic maritime).

Un détail : même si vous ne voulez pas les pêcher, n'oubliez pas de goûter les tellines. Elles se dégustent à l'apéritif, avec un brin d'ail, de persil, à la tomate ou à l'aïoli. Un délice !

M.
Effervescence dans le port de pêche.

Pêche au « Carrelet de friture ».

P.N.R.
Pêcheurs de tellines.

Protégeons la nature

Extrait d'un discours du Marquis de Baroncelli (26 mai 1922)

« Si l'Humanité ne vivait pas aujourd'hui pour les seules préoccupations matérielles, ce qui subsiste de la Camargue ne devrait-il pas être, par le gouvernement lui-même, déclaré « Parc National » ? On classe les vieilles pierres, arènes, palais, remparts et cathédrales comme monuments historiques pour que nul ne puisse plus les démolir. La nature dans ses paysages primitifs et dans ses races pures de bêtes n'est-elle pas, elle aussi, un monument historique admirable et précieux, d'autant plus que ce que nous nommons civilisations aura bientôt tout détruit, tout volé ? »

Si vous voulez observer les oiseaux...

- Sortez à chaque saison pour rencontrer toutes les espèces et n'oubliez pas de vous munir d'une bonne paire de jumelles.
- Les oiseaux ont peur de l'homme. Restez immobiles, à l'affût, veillez à ne pas les déranger, surtout en période de nidification !
- Pour identifier un oiseau, apprenez à noter quelques détails simples : la taille, la forme, le bec, les couleurs du plumage, le vol, la marche et le chant...

A la découverte des oiseaux de Camargue.

Protégeons la Camargue !

La Camargue représente encore une zone écologique extraordinaire. Pourtant, perturbée par les activités humaines, elle s'est, peu à peu, considérablement transformée.

La mise en place d'un réseau hydraulique, les déversements d'eaux liés aux cultures, les plans d'eau destinés à l'activité cynégétique et agricole modifient irréversiblement le milieu et, par voie de conséquence, la flore et la faune.

On peut évoquer trois exemples, parmi tant d'autres : le lessivage des terres salées par les eaux d'irrigation a favorisé la croissance de plantes adventices en quête de chaleur et d'humidité ; l'extension de la riziculture a fait reculer le nombre des oiseaux des steppes au profit des espèces aquatiques ; le complexe industriel de Fos-sur-Mer engendre, à long terme, une pollution atmosphérique et maritime...

Préservons ce « reste » de nature

Il faut se rendre à l'évidence : en Camargue, le milieu artificiel (cultures, salins, industries) domine désormais. On ne peut, bien sûr, concevoir d'interdire l'agriculture et l'exploitation chimique du sel. Toutefois, chacun doit prendre conscience (habitants et visiteurs) qu'il convient de préserver, en Camargue, ce « reste » de nature.

Des organismes et des propriétaires terriens luttent d'ailleurs efficacement au nom du respect d'un territoire qu'ils aiment par dessus tout.

Petit vocabulaire du naturaliste camarguais

Baisse : dépression peu profonde où s'accumulent les eaux de pluies ; marais temporaire d'eau douce ou très peu salée, sec l'été.
Grau : passage naturel ou artificiel pratiqué à travers un cordon littoral.
Levadon : levée de terre, digue, chemin... toute terre « haute », ayant un aspect linéaire.
Montille : petite dune ou monticule de sable, d'origine marine ou fluviale. Les « montilles » sont les dunes intérieures de la Camargue.
Radeau : îlot sur un étang de la zone saumâtre.
Roubine : canal creusé pour l'homme aux fins d'assainissement ou d'irrigation.
Sansouïre : ensemble des terrains salés inondables recouverts de salicornes.
Touradon : petite butte se formant sous l'effet du vent, par l'accumulation de sable et de débris végétaux autour d'un obstacle, notamment une touffe de salicorne.

LE PARC NATUREL REGIONAL (85 000 hect.)

En 1970, un décret institue le Parc Régional de Camargue que le Marquis de Baroncelli avait réclamé un demi-siècle plus tôt.

Même si les moyens d'intervention du parc ne sont pas illimités — dans la mesure où la Camargue est essentiellement composée de terres privées — il va résoudre bon nombre de problèmes.

Le parc couvre tout le territoire des Saintes-Maries, une partie de celui d'Arles et la zone maritime s'étendant à deux miles. Ses objectifs sont précis : veiller à la protection de l'environnement, au maintien des activités traditionnelles, à la qualité de l'urbanisme.

Il n'est pas clôturé puisqu'il ne s'agit ni d'une réserve botanique, ni d'une réserve ornithologique, mais d'une région particulièrement surveillée.

Au cœur de cette zone, trois réserves :

— l'une nationale (13 300 hect.)

— l'autre départementale (2 700 hect.) : la Réserve des Impériaux

— La troisième « volontaire » (1 500 hect.) : la Tour du Valat.

Pour sensibiliser les visiteurs aux problèmes typiquement camarguais, le parc propose son musée camarguais et le centre de Gines.

LE MUSEE CAMARGUAIS

(Parc naturel régional Mas du Pont de Rousty, 13000 Arles Tél. 90.97.10.82)

• Le musée camarguais, aménagé dans l'ancienne bergerie du Mas du Pont de Rousty, offre une approche à la fois culturelle et écologique de la Camargue. Il intègre à son cadre rustique les techniques muséographiques les plus modernes.

• La visite du musée est associée au parcours pédestre d'un sentier de « découvertes » des différents paysages d'un mas camarguais.

Cette promenade, longue de 3,5 km, permet de se familiariser agréablement avec la vie des habitants de la camargue.

LE CENTRE DE GINES

(Pont de Gau 13460 Saintes-Maries-de-la-Mer. Tél. 90.97.86.32)

Pour tous ceux qui veulent connaître plus amplement la Camargue, le Centre de Gines documente et oriente sur la flore et la faune. Vous y trouverez :

• Une exposition permanente sur les milieux protégés de Camargue.

• Une vaste salle panoramique donnant sur le marais.

• Une salle de projection avec un montage audiovisuel « introduction à la Camargue ».

Expositions et autres montages temporaires.

LA RESERVE NATIONALE (13 100 hect.)

C'est un espace protégé, géré par la Société Nationale de Protection de la Nature.

La Réserve nationale est essentiellement composée par le Vaccarès avec, en son centre, les bois des Rièges. Entre ceux-ci et la mer, des lagunes et sansouïres.

Il s'agit donc d'une zone humide, de notoriété internationale, primordiale dans le réseau européen des migrations d'oiseaux. Elle se présente également comme une zone pilote pour l'étude des écosystèmes deltaïques. Sept personnes assurent des fonctions aussi variées que la surveillance, la gestion, l'animation, l'information, le suivi scientifique et le baguage des oiseaux. L'accès est strictement interdit au public, excepté sur 3 zones : le domaine de la Capelière, la Digue à la mer, Le Salin de Badon.

LA CAPELIERE

(Centre d'information nature S.N.P.N. 13200 Arles. Tél. 90.97.00.97)

Ce domaine propose un accueil personnalisé pour découvrir la nature en Camargue.

• Des salles d'exposition vous permettront de connaître la flore et la faune de Camargue.

• Des stages d'art animalier sont organisés. Ils permettent une approche originale et profonde de la nature.

• Des sentiers, parcourant le delta, la Crau et les Alpilles, initient à la lecture du paysage camarguais et à l'ornithologie.

Pour approcher les oiseaux les plus divers (canards, hérons, passereaux, rapaces) des observatoires sont prévus.

LA DIGUE A LA MER

20 km de circuits pédestres dans la réserve, sur la digue et le littoral (l'accès aux dunes est interdit) sont aménagés. Aux deux extrémités, un parking permet de garer son véhicule).

LE SALIN DE BADON

Ce lieu est accessible uniquement sous autorisation délivrée à la Capelière. Ici, la photographie est interdite.

LA SOCIETE NATIONALE DE PROTECTION DE LA NATURE

La Société Nationale de Protection de la Nature est une association à but non lucratif, fondée en 1854 et reconnue d'utilité publique en 1855. Elle protège et conserve le patrimoine naturel français, enseigne à tous le respect de la nature. La Société Nationale de Protection de la Nature regroupe toutes les personnes désireuses de sauvegarder les ressources de la nature. Entre autres actions, elle gère la réserve nationale de Camargue depuis 1927. Et, ailleurs en France, participe à la création de réserves naturelles. Elle édite « Le Courrier de la nature » (revue nationale trimestrielle de protection de la nature) et « Terre et vie » (Revue scientifique d'écologie).

LA RESERVE DEPARTEMENTALE DES IMPERIAUX (2 700 hect.)

Elle est la propriété du département des Bouches-du-Rhône qui en a concédé la gestion à la commune des Saintes-Maries. Comme pour la réserve nationale, qu'elle prolonge à l'ouest, la chasse et la pénétration sont interdites. Par contre, sous surveillance stricte, la pêche est autorisée à quelques locaux.

Vous pouvez longer la réserve des Impériaux en empruntant la draille de Méjanes (Départ route de Cacharel).

LA RESERVE VOLONTAIRE DE LA TOUR DU VALAT

Dans les années 50, un jeune étudiant en zoologie de Bâle, Luc Hoffman, conscient de l'absence totale de centre d'études traitant des problèmes naturels en Camargue, décida d'y consacrer sa vie et sa fortune : il acheta le domaine de la Tour du Valat, devenu en 1954 station biologique.

Le 2 juillet 1984, une décision ministérielle porte création de la réserve volontaire de la Tour du Valat. Pourquoi une nouvelle réserve naturelle en Camargue ?

La Tour du Valat, entre la route Sambuc-Salin de Giraud au sud-est de la réserve nationale, est le seul territoire protégé de Camargue situé

en Camargue fluvio-lacustre (voir chapitre « richesse de la flore »). Elle est donc parfaitement complémentaire des réserves existantes et indispensable pour la conservation intégrale des différents milieux camarguais, de la flore et de la faune.

La Tour du Valat contribue au maintien des milieux et des espèces par des interventions scientifiques fondées sur les résultats des recherches de la station biologique et par des actions concrètes.

Ainsi, par exemple, on a aménagé le fameux étang de Saint-Seren. Grâce à cette initiative, il accueille désormais environ le quart des effectifs d'anatidés présents en Camargue.

Comme la réserve volontaire de la Tour du Valat est entièrement consacrée à la recherche, à la protection et à l'aménagement, l'accès est interdit au public. Une fois par an, pourtant, lors d'une journée « portes ouvertes », la réserve et la station biologique peuvent être visitées.

LE DOMAINE DE LA PALISSADE (702 hect.)

Ce domaine a été acquis par le Conservatoire de l'Espace Littoral et des Rivages Lacustres en 1976.

C'est une ancienne chasse privée qui rassemble tous les éléments remarquables du milieu camarguais : dunes, bourrelets alluviaux des anciens cours du Rhône, ripisylve de la rive actuelle du fleuve, sansouïre et roselière, pelouse à saladelles. De plus, seul domaine de Camargue hors des digues, il reste en relation directe avec les eaux du Rhône, soumis aux variations de son régime, à la différence du reste des terres du delta (où la hauteur et la salinité des eaux dépendent des besoins des agriculteurs et de l'industrie salinière). Il est donc très proche des conditions naturelles anciennes.

Cet intérêt a conduit le Conservatoire et le Syndicat mixte qui en assure la gestion (au sein duquel collaborent le Conseil Général des Bouches du Rhône et la ville d'Arles) à faire de ces terres et des bâtiments qui s'y trouvent un outil de découverte des paysages et de la vie de la Basse-Camargue, conciliant l'information, la formation et la conservation.

Vous observerez, en toute quiétude les oiseaux qui abondent sur les étangs, et de nombreux autres animaux (ragondins, renards, lapins).

Domaine de la Palissade
B.P. 5 13129 Salin-de-Giraud
Tél. 42.86.81.28

Il propose aux visiteurs :

- Découverte de la faune et de la flore des lagunes des bords du Grand Rhône. Paysages typiques de la Basse-Camargue. Visite suivant trois sentiers au choix.
- Exposition dans le bâtiment d'accueil.
  - — Diaporama : présentation de l'espace naturel
  - — Herbier : collection des principales espèces des différents milieux du domaine.
  - — Aquarium d'eau saumâtre : la faune aquatique du Rhône et des marais.
  - — Audiovisuel et expositions : données sur l'écologie et l'environnement de la Palissade.

LE CONSERVATOIRE DE L'ESPACE LITTORAL ET DES RIVAGES LACUSTRES

Le Conservatoire de l'Espace Littoral et des Rivages Lacustres a été créé en 1975 pour répondre à des objectifs pressants : le rivage, patrimoine national, doit être transmis intact aux générations futures.

Cet établissement public à caractère administratif a donc reçu pour mission de « mener une politique foncière de sauvegarde de l'espace littoral, de respect des sites naturels et des équilibres écologiques ».

Les espaces naturels acquis par le Conservatoire ne peuvent plus être vendus, aliénés, déclassés.

	PARC REGIONAL	RESERVE NATIONALE
Création	1972	1927
Surface	85 000 hectares	13 117 hectares
Financement	Région - Ministère de l'Environnement Communes - Salins	Ministère de l'Environnerment Société de Protection de la Nature (S.N.P.N.)
Statuts	Fondation	Réserve naturelle. Les terrains appartiennent à l'Etat. Elle est gérée par la S.N.P.N. avec le soutien financier du Ministère de l'Environnement
Buts	Conservation d'un équilibre entre les activités humaines et la nature. Informer le public.	Protection intégrale de la flore et de la faune. Information naturaliste. Recherche scientifique.
Siège	Pont de Rousty (90.97.10.82)	Capelière (90.97.00.97)

Immortelles des sables.

LE PARC ORNITHOLOGIQUE DU PONT DE GAU

(Pont de Gau 13460 Saintes-Maries-de-la-Mer Tél. 90.47.82.62)

Cet établissement privé s'emploie à soigner chaque année des centaines d'oiseaux blessés. Ainsi, René Lamouroux, fils du fondateur, fut le coordinateur de l'opération « S.O.S. flamants » qui permit de venir en aide à des milliers de flamants roses bloqués par les glaces, lors de l'hiver 1985.

Le parc permet au visiteur de découvrir dans leurs milieux naturels la plupart des espèces d'oiseaux vivant en Camargue ou y transitant.

- Des panneaux explicatifs, fiches d'identification, cartes de migrations apportent des informations très claires sur la vie des oiseaux.
- De vastes volières présentent les espèces les plus difficiles à observer dans la nature, chacune dans son milieu fidèlement reconstitué.
- Des sentiers ceinturant 60 hectares de marais autorisent l'approche de très nombreux oiseaux en liberté.

LA FACET (Fédération des Associations Camarguaises pour l'Environnement et les Traditions)

Son action se situe sur la Petite Camargue.

Elle veille efficacement à la protection de la flore et de la faune, au maintien de l'environnement et des traditions.

Elle organise des conférences auxquelles participent de grands scientifiques, des stages de sensibilisation au milieu, des sorties scolaires, etc.

La FACET siège dans les réunions officielles pour défendre le patrimoine naturel et culturel camarguais.

Chaque mois, des comptes-rendus sont publiés dans « Le Journal de la Petite Camargue », inclus dans le mensuel « Camariguo Magazine ».

CIRCUIT NATURE AUTOUR DE LA RESERVE

1) D'Arles, prendre la N.570 en direction des Saintes-Maries-de-la-Mer. Avant d'arriver à Albaron, on trouve, sur la droite : le Mas du Pont de Rousty.
2) Continuer vers les Saintes-Marie-de-la-Mer et prendre la direction des plages vers l'est. La piste de la Digue à la Mer est interdite aux véhicules, mais la vue sur le sud de l'étang « L'Impérial » justifie le détour.
3) Repasser par les Saintes-Maries-de-la-Mer et prendre la D.85 vers Cacharel. La route suit la rive-ouest de l'Impérial (selon les saisons, on observe canards et limicoles, troupes de flamants).
4) La route de Cacharel à Méjanes est interdite aux véhicules mais une petite promenade à pied s'impose (on découvre les avocettes dans les étangs qui bordent la route).
5) Regagner Albaron en voiture et prendre la D.37 en direction de Villeneuve. A deux reprises, la route longe de très près le Vaccarès (diverses espèces de canards).
6) Arrivé à Villeneuve, prendre, à droite, la D.36 b. La Capellière est juste à gauche de la route.
7) Continuer vers le sud, puis prendre à gauche la route vers le Sambuc jusqu'à La Tour du Valat.
8) Revenir vers la D.36 b. et gagner le Salin du Badon. Continuer vers la Digue à la Mer jusqu'au gabarit qui interdit le passage des véhicules.
9) Depuis le gabarit, se promener à pied jusqu'au phare de la Gacholle (Nombreux oiseaux hivernants). Vue sur le bois des Rièges (inaccessible).

A.P.

Vagues de froid

Vagues de froid... Il y a la Camargue figée dans son image solaire et l'autre, plus secrète, intime, solitaire : la Camargue hivernale, lorsque le « manjofango » (le mange-boue) balaie, un matin, les terres salées et les souvenirs de l'été, lorsque la neige tombe sur les paysages engourdis. Certaines saisons sont plus douces mais un hiver trop rude cause bien des dégâts... Le froid peut exterminer des bandes entières d'oiseaux.

Envol de tadornes

Héron cendré

Canards colverts.

Vaccarès gelé.

« Vaccarès .
Huile sur toile de Simon Barnard.
Photo Francis De Richemond.

La tour du château
surplombe
la ville et
le Vidourle.
Photo Max Sagon.

A mi-chemin entre le Vacarrès et les Cévennes

...SOMMIERES

...SOMMIERES, une des plus jolies petites villes du Gard (3 500 habitants), est aussi au carrefour de Nîmes, de Montpellier, de la neige et de la mer.

A SOMMIERES, les amateurs d'histoire se passionnent pour le pont romain, le château et la vieille ville moyenageuse, et goûtent particulièrement l'ambiance des petites rues pittoresques.

D'autres plaisirs comblent aussi de joie les touristes de l'été : les courses de taureaux dans les arènes ombragées, la pétanque sous les platanes, et surtout la baignade et la pêche dans les eaux limpides du Vidourle, la rivière qui offre, sous le soleil méditerranéen, sa fraîcheur à la ville.

SOMMIERES sait aussi voir l'avenir et se développe avec harmonie. Son marché est prospère, de nouveaux quartiers voient le jour et de nombreuses entreprises se fixent sur la nouvelle zone artisanale et industrielle.

Faites une halte à SOMMIERES, il y fait bon flâner. Vous irez de découverte en découverte.

M. Cambacérès, maire de Sommières, devant le pont de Tibère.

La Société Nationale de Protection de la Nature organise chaque année sur la Réserve Nationale de Camargue une série de stages destinés à une approche de la nature :

- Stages d'ornithologie (4 jours) : Camargue, Crau, Alpilles.
- Stages de baguage (8 jours).
- Stages de formation au métier d'animateur (4 semaines).
- Stages de dessin animalier (4 jours).

En outre, chaque année, en juillet/août, plusieurs stages de bénévoles sont organisés, les participants partageant leur temps entre des travaux sur la réserve (construction d'observatoires, protection des dunes, etc.) et la découverte de la Camargue.
Les plus passionnants demeurent les stages de dessin animalier où, sous la conduite de professionnels,les participants de tous niveaux acquièrent les bases ou se perfectionnent dans une approche de ce qui est ou peut devenir la passion de toute une vie « naturaliste ».

Renseignements :
Société Nationale de Protection de la Nature, 57, rue Cuvier, 75005 Paris
Tél. (1) 47.07.31.95
Réserve de Camargue, La Capelière, 13200 Arles
Tél. 90.97.00.97

La Camargue

Si la nature en Camargue palpite au rythme des saisons, les villes, elles, palpitent au rythme de la fête. Et si la fête est une tradition, la tradition est prétexte à la fête. On vient de partout pour célébrer la fête votive du coin et la moindre apparition d'un « biou » déchaîne l'allégresse générale. Ici, en effet, on ne peut concevoir une fête sans taureaux...

Les villes de ce pays se distinguent aussi par leur histoire et par les hommes qui font l'histoire, ceux qui hantent notre mémoire et ceux du présent le plus immédiat.

Nous n'avons pu parler que d'une infime poignée de villes représentatives, nous semble-t-il, des différents aspects de la vie camarguaise : Arles, Salin de Giraud, Saintes-Maries-de-la-Mer, Aigues-Mortes, Saint-Gilles, Nîmes...

Autour d'elles, gravitent les autres, toutes les autres, débordantes d'émotions. Car il faut savoir que le moindre petit village de Provence ou du Languedoc mériterait à lui seul d'être raconté...

Prenez le temps d'apprécier les paysages, les habitants, de vous fondre, vous confondre. Bientôt, vous connaîtrez la Camargue, entière. Tous les symboles de notre art de vivre.

La belle plage de Piémanson, appelée plage d'Arles.
A.P.

Arles, pays de rencontres.

Arles : au coude du Rhône, là où le fleuve s'étale tout puissant à la pointe du delta. Porte de la Camargue, cœur battant de la Provence, entre deux plaines. Ville aux toits ocres, cernée par un énorme amphithéâtre romain, aux ruelles bordées de magnifiques façades Renaissance. Sous un ciel à la Van Gogh, à l'ombre des platanes et des micocouliers, une ville chargée d'histoire : tour à tour grecque, romaine, carthaginoise, marseillaise, française, sarrazine, vénitienne, génoise. Elle en garde encore le vivant souvenir : arènes, théâtre antique, Alycamps...

ARLES, ville antique

« En Arles, dit Jean-Maurice Rouquette, Conservateur des Musées de la ville, dès qu'on creuse avec sa cuiller, on trouve au moins un tesson de poterie antique ».

Ici d'ailleurs, chacun entretient une immense passion pour l'archéologie. Tout le monde a, en mémoire, l'histoire de Monsieur Brun qui, en forant une citerne, déterra une statue romaine de Diane : l'œuvre était si belle qu'elle fut offerte à Louis XIV. Celui-ci la fit restaurer par Girardon, Elle se trouve maintenant au Louvre ! Tous les jours, de nouveaux trésors sont encore découverts en Arles.

Ainsi, la municipalité, en creusant un parking dans le jardin d'hiver, découvrit un quartier entier d'une ville ligure installée là avant l'arrivée des Romains. On abandonna donc le projet de parking et on relança d'autres travaux boulevard des Lices. Que découvrit-on ? Le rempart de la ville romaine, une voie dallée bordée de boutiques, de bains publics et de somptueuses villas !

Le chantier le plus important est, sans doute, celui du Cirque Romain qui, dans quelques années, pourra faire à nouveau, partie du patrimoine « visible » de la cité après des siècles et des siècles d'oubli.

Les arènes :

Elles furent construites sous le règne d'Hadrien. Leur rôle était essentiellement ludique : combats d'animaux (taureaux, ours, sangliers, chiens) et de gladiateurs (esclaves ou captifs).

Victimes des invasions barbares ou sarrasines, les habitants d'Arles se regroupèrent en partie dans les arènes qu'ils avaient fortifiées : ils occupaient arcades, travées, galeries et piste centrale et y construisirent deux chapelles. Cet habitat ne fut détruit qu'au 19e siècle. Aujourd'hui, les arènes abritent de magnifiques spectacles qu'organise Hubert Yonnet, à la fois manadier et directeur des arènes.

Le Théâtre Antique

Il témoigne du goût d'Auguste pour les Lettres et les Arts (les arènes ne seront construites que deux siècles plus tard). Il ne reste que la première travée d'une vingtaine de gradins, et, de la scène, deux magnifiques colonnes de marbre avec leurs chapiteaux. Le Théâtre est utilisé pour des manifestations folkloriques ou artistiques.

Les Thermes de Constantin

Comparables aux thermes constantiniens de Trèves, ils ont conservé la grande salle de bains chauds et son abside, certains hypocaustes, des fourneaux souterrains ainsi que des vestiges de salles tièdes.

Les Alyscamps

Arles a eu également une vocation de nécropole. Les Alyscamps (au sens étymologique du terme : les Champs Elysées) est une allée de sarcophages. Phéniciens, Grecs, Celto-ligures et Gaulois s'y sont fait inhumer, bien avant les Romains de la ville. Pendant tout le Moyen-Age, cette nécropole est la plus célèbre de tout l'Occident. La tradition raconte que les habitants, tout le long du fleuve, confiaient au Rhône leurs morts avec une pièce d'argent entre les dents, pour qu'il les emportât jusqu'en Arles. Là des fossoyeurs les repêchaient et les enterraient aux Alyscamps en se payant sur ce droit de « mortellage ». A cette époque on y dénombrait au moins une vingtaine d'églises et de chapelles.

La Cathédrale et le cloître Saint-Trophime. Contigu à la cathédrale romane dont on peut admirer le magnifique portail, ce cloître est peut-être le plus raffiné de tout l'occident. Dominé par le clocher lombard de l'église, il déploie ses galeries romanes et ses deux autres gothiques. Cet ensemble d'une harmonie rare est complété par 3 salles capitulaires.

L'Hôtel de Ville : reconstruit au XVIIe siècle d'après un plan qui aurait été revu par Mansard, il englobe la **Tour de l'Horloge** (XVIe). Devant l'Hôtel de Ville se dresse un bel obélisque en brèche d'Afrique trouvé sur l'emplacement du cirque romain d'Arles.

Les cryptoporiques du Forum. Ce sont d'impressionnantes galeries souterraines qui dessinent un « U ». Elles servent de fondements à l'ancien forum romain. Il s'agit du premier monument de la fondation de la colonie romaine avec les remparts.

Le Musée Reattu. Ancien Grand Prieuré de St-Gilles (Ordre de Malte) il renferme des peintures et des dessins de l'école provençale des XVIIIe et XIXe siècles des tapisseries du XVIIe ; grâce à Jean-Maurice Rouquette, on découvre également des chefs-d'œuvre picturaux et photographiques. On peut, surtout, y admirer 55 dessins de Picasso offerts par l'artiste lui-même, à l'instigation de sa femme Jacqueline. Arles était la ville de leurs amours...

Place de l'Hôtel de ville.

Musée d'Art Chrétien : avec le Musée du Vatican, il est le plus riche au monde en sarcophages chrétiens. Il abrite des œuvres magnifiques taillées dans le marbre, de sculpteurs arlésiens. Au centre de la nef, sont exposés les trois sarcophages du IVe siècle, découverts lors des fouilles à Trinquetaille en 1974.

Musée d'Art païen : il est installé dans l'ancienne église Sainte-Anne (XVIIe siècle). Vous remarquerez une tête en marbre d'Octave-Auguste, une tête de Tibère, découvertes en 1951 au cours des fouilles dans les galeries souterraines du musée d'Art Chrétien.

Musée Arlaten : ce musée de la vie provençale, installé dans le cadre gothique de l'Hôtel de Castellane-Laval (XVIe siècle) a été créé en 1896 par F. Mistral avec l'argent de son prix Nobel. Le musée possède une trentaine de salles consacrées au pays d'Arles : meubles, costumes, céramiques, coutumes, imagerie populaire, métiers du terroir, musique, félibrige...

Détail des arènes.
Tête de Marcellus.
Musée d'Art Païen.

Les Alyscamps

Vue du théâtre antique.

H.S.

Le costume d'Arles

Bien plus qu'un simple symbole de folklore, le costume traditionnel fait naturellement partie de la personnalité de l'Arlésienne. Elle le porte volontiers lors des fêtes votives, mais aussi pour les cérémonies familiales. Frédéric Mistral, dans « Lou tresor dou Felebrige » définit le costume arlésien « Coustume Arlaten : costume des femmes d'Arles, caractérisé par un large ruban de velours qui forme la coiffure. Ce costume qui est le plus élégant et le plus original du Midi, est porté dans les cantons d'Arles, de Tarascon, St-Rémy-de-Provence, Château-Renard, Orgon, Eyguières, Salon-de-Provence, Lambesc, St-Chamas, Istres, les Saintes-Maries-de-la-Mer, Beaucaire et Aramon ».

En 1903, Mistral contribuera à sauver le costume de l'abandon en instaurant « la festo vierginenco » et en l'évoquant dans « Mireille », il le rend célèbre à travers le monde (voir chap. Les Saintes-Maries).

Ce costume va évoluer dans le temps pour aboutir au chef-d'œuvre de perfection que nous connaissons aujourd'hui. A partir de la révolution française, il devient élégant, épuré. Sous le règne de Louis XV, sa richesse traduisait la prospérité de la cité et les bourgeoises comme les femmes du peuple l'adoptèrent.

Il est composé de deux pièces majeures :

Le droulet, espèce de Hongreline ou de Casaquin (corsage de femme) à longues basques (partie d'un vêtement qui, partant de la taille, recouvre les hanches) flottantes épousant parfaitement la taille et que les femmes portent sur la robe.

Le jougne, corsage de femme qui s'ajuste devant la poitrine avec une épingle ou un lacet.

Sous Charles X d'ailleurs, le « droulet » fait place à la « casaco » (spencer ordinairement noir).

Au commencement, le visage était entièrement emprisonné par la coiffe. Pendant la restauration, la coiffe dégage le front et laisse échapper des mèches de cheveux. A partir de 1835, les Arlésiennes se ceignent le front avec des rubans de velours de soie « velout de testo ». Aujourd'hui, le costume d'Arles comprend trois tenues que l'on revêt selon les circonstances : pour les cérémonies publiques la pèlerine de dentelle et la coiffe gansée ; pour le dimanche, l'Arlésienne porte le ruban de velours assorti à sa jupe et son fichu qui recouvre la chapelle à l'architecture savante ; enfin, la ménagère s'habille en « Mireille » coiffée en cravate, avec fichu de mousseline, jupe courte et tablier.

Il existe tout un code : 2 châles l'un sur l'autre exigent 11 plis dans le dos, avec un creux « bénitier » ; un châle, 6 plis etc. les cheveux sont toujours relevés en chignon et la forme de la coiffe dépend de l'âge : les jeunes filles portent un nœud de dentelle en forme d'ailes de papillon et les femmes mariées portent un large ruban. « Lou Maianem » disait aux jeunes filles « la coiffe étroite, Mireille la porta ; sa main adroite en connaissait les secrets. Si vous voulez triompher, jeunes filles, conservez-la et votre pur ruban de velours, ô Reines, gardez-le ».

Partie du ruban da la coiffe d'Arlésienne.

En fait, on observe une hiérarchie dans le costume qui correspond à une situation sociale et familiale. Ainsi, le prix du ruban varie en fonction de la couleur et de la longueur. Ces rubans sont généralement importés d'Allemagne. Le plus modeste, coûte, paraît-il, 500 F en moyenne !

Le costume d'Arles a autant d'importance dans la tradition camarguaise que le parler provençal ou la « fe di biou ». Tous procèdent de la même culture si chère au Félibrige.

Pour conclure, on peut citer J.-Charles Roux « Il est heureux de voir au milieu de l'universelle tendance à la banalité et à l'uniformité, un petit coin de terre provençale sachant garder ses traditions de fière élégance et de faire triompher son instinct héréditaire de grâce et de beauté ».

Pour en savoir plus, lire « La Provence de Frédéric Mistral au Muséum Arlaten » par C. Galtier et J.-M. Rouqette ; « le costume en Provence » de J. Ch. Roux ; « Lou tresor dou Felebrige » de Mistral.

Les costumes des Arlésiennes se retrouvent dans deux musées : le Musée Réattu et le Musée Arlaten.

La Reine de l'Arène :

L'élection de la Reine d'Arles a été, elle aussi, instaurée par Frédéric Mistral.

Cette reine, élue chaque trois ans, doit obligatoirement remplir certaines conditions. En résumé : la reine sera de souche arlésienne depuis au moins trois générations ; c'est une pure jeune fille qui doit faire vœu de ne pas se marier durant son règne ; elle porte le costume et parle, évidemment, le provençal.

Pendant trois ans, la reine devient vraiment la « star » d'Arles et chacun lui témoigne son respect. « Marianne » de la ville, elle participe à toutes les festivités, entourée de ses demoiselles d'honneur.

ARLES la rustique

Arles, la plus grande commune de France, est campagnarde par essence. Le samedi matin, boulevard des Lices, elle exhibe avec bonheur sa ruralité. C'est jour de marché : citadins et paysans se mêlent tout comme se mêlent les odeurs et les couleurs de la Méditerranée. On se sent vraiment au cœur de la Provence. Alors on flâne parmi les olives, les fougasses, les saucissons et les fromages de chèvre...

Là, il y a le repère du gardian : selles, bottes « Far West », grands chapeaux noirs, vestes en velours, gilets et pantalons en peau de taupe s'entassent entre des cordes et des clous. Le monde de la « bouvine » vient y acheter la veste des « pelos » ou une de ces chemises colorées en satin fermière que le Marquis de Baroncelli avait mis à la mode. Les hommes s'abordent en provençal et la langue de Mistral se répercute d'étal en étal.

Ce soir, ils se retrouveront peut-être à la « ferrade » et dimanche ils assisteront ensemble à une course dans les arènes.

Un bon Arlésien, on le sait, ne manque jamais de faire la fête et la fête, elle aussi, a quelque chose de rustique.

H.S.

Le cordon camarguais

Rencontres internationales de la photo en Arles.

Une crêche provençale.

ARLES en fête

Toute l'année est jalonnée de fêtes. Il y a le traditionnel **Carnaval, le dernier dimanche de mars.** Jadis, ce jour-là, les Arlésiens se déguisaient et pénétraient chez les gens pour leur dire une « galéjade » (leurs quatre vérités !) sous le masque (« envelopo ») ou capuchon rabattu sur le nez, on réglait ainsi ses comptes.

La feria Pascale, les samedi, dimanche, lundi de Pâques. Elle ouvre véritablement la saison touristique, avec toutes sortes de manifestations tauromachiques, des conférences, des spectacles, des concerts et des bals.

La fête des gardians, le dernier dimanche d'avril. Fondée en 1572 l'Antique confrérie des gardians donne une immense fête aux arènes et on participe à des jeux très anciens : le jeu de la bague, des écharpes, du bouquet, des oranges et bien d'autres...

La fête des vendanges, des bergers et celle des **prémices du riz à la mi-septembre :** au rythme des « galoubets » et des tambourins, les gardians emmènent en croupe les jolies filles d'Arles « li chatouno » et leur reine. Chacun profite de la fête pour ressortir le costume traditionnel. Les fanfares locales, penas, parcourent les rues au son de marches entraînantes. Les deux manifestations les plus importantes restent le festival et les rencontres internationales de la photo.

Le festival d'Arles : il s'ouvre avec « la grande pégoulade » le fameux défilé folklorique rassemblant tous les groupes de la région, et dure toute la **deuxième quinzaine de juillet**. Danse, musique, tauromachie, se combinent, s'exaltent, se mettent en scène dans les lieux ancestraux. Béjart et sa troupe évoluent dans les ruines du Théâtre antique, la voix de Montserrat Caballé envoûte le cloître St-Trophime et, sur la place de l'Hôtel de Ville, on déclame des vers en provençal.

Des stages et des concours de danse, de guitare sont proposés au public.

Parallèlement au festival se déroulent les Rencontres Internationales de la Photo.

ARLES : cité des photographes

En juillet-août, en Arles, professionnels et amateurs arrivent de tous les coins du monde pour participer aux R.I.P. ... R.I.P. ? Ce sont les initiales, maintenant célèbres, des « Rencontres Internationales de la Photo ».

Trois grands axes régissent ces rencontres : les soirées de spectacles audio-visuels, les expositions et les stages...

Mais il y a aussi, ici et là, des conférences, des colloques, le prix du livre, la galerie d'essai, la bourse aux vieux appareils... Dans la prestigieuse cour de l'Hôtel d'Arlatan, chacun montre son travail aux directeurs de musées, de revues, aux critiques d'art, aux collectionneurs...

Partout, la photo est présente sous toutes ses formes : mode, publicité, portraits, paysages, reportages... Aux terrasses des cafés, sur les gradins des arènes, on se passe des tirages, on échange du matériel, on parle « photo ». Dans les musées, les salles d'exposition, on vient admirer les grands — ManRay, Doisneau, Depardon, Salgado, Griffin —. Les œuvres des jeunes talents, elles, investissent les restaurants, les bars sympas et s'affichent jusque dans la rue.

Créées en 1970 par Lucien Clergue, Jean-Maurice Rouquette et Michel Tournier, les rencontres, chaque année, gagnent du terrain. Après le Musée Réattu et la place du Forum, elles s'installent en 80 au Théâtre antique. En 1982, l'Ecole Nationale de la Photographie prend forme dans un ancien couvent. Et, 4 ans après, c'est l'appropriation de l'atelier des Forges.

Aujourd'hui, la ville entière est une immense galerie. Durant les Rencontres Internationales de la Photo, notre regard est sans cesse sollicité, interpellé. L'émotion, alors, est instantanée et le flash permanent.

LE SALON INTERNATIONAL DES SANTONNIERS

C'est une manifestation destinée à mettre en valeur l'art de la crèche. Elle se déroule en décembre et janvier, dans les salles romanes du Cloître St-Trophime.

Ce salon — créé en 1958 par J.M. Rouquette, J. Van-Mignon et J. Héritier — connut un succès immédiat : 4 ans après sa création, il devint international. Plus de 30 pays y ont déjà participé. Les Maîtres santonniers provençaux constituent la base de l'exposition mais on rencontre aussi tous ceux qui, à travers le monde, s'inspirent de la nativité. Mademoiselle Valette, par exemple, a rapporté de son voyage au Japon des santons de là-bas...

UN MOYEN D'EXPRESSION POPULAIRE...

A Noël, en Provence, dans chaque foyer, on sort les santons des cartons et on se rend à une foire voisine pour compléter la collection. Puis, on va cueillir la mousse, le lichen, le petit-houx qui viendront garnir la crèche.

Dans cette crèche, on retrouve les animaux familliers et tout le petit peuple provençal : bergers, paysans, bohémiens, musiciens, commerçants, « gagne-petits »...

Jusqu'au XXe siècle, les santonniers, pourtant citadins, reproduisent uniquement le milieu rural : ils vivent eux-mêmes une existence villageoise autour des marchés où les paysans viennent vendre leurs produits.

ENCORE VIVANT AUJOURD'HUI

C'est dès le début du XIXe siècle que l'industrie santonnière se développe. Aujourd'hui encore, même si de nombreux santonniers sont des professionnels, la fabrication demeure artisanale.

La crèche est une pastorale, c'est-à-dire une marche en avant : tous les santons « vont » à Bethléem adorer le Seigneur.

L'attitude de la figurine doit donc être vivante. Il y a en elle une allure, un élan qui suggère la progression, le mouvement. Traditionnellement, le santon représente un état plus qu'une individualité. Pourtant, maintenant, le santonnier élargit ses sujets et modèle sur commande, telle ou telle personne. Ces pièces uniques constituent de magnifiques cadeaux que petits et grands s'offrent en toute occasion. Au-delà du concept religieux, ils expriment un message profond, personnel, intime.

ITINERAIRE « SUR LES TRACES DE VAN GOGH »

L'Office de Tourisme d'Arles, l'Association des « Amis de Vincent Van Gogh » organise, avec le concours de la mairie d'Arles, un itinéraire, de 2 heures environ, balisé et commenté : « Sur les traces de Vincent Van Gogh ».

Pour en savoir plus sur Van Gogh : Association des Amis de Vincent Van Gogh. 35, place de la République, 13200 Arles, qui publie « La lettre de Vincent ».

Lire : « Les Chemins de Lumière », de Raymond Rousset.

VAN GOGH EN ARLES

20 février 1888 : il neige en Arles. Un homme roux, hirsute, dégingandé débarque le matin du train. C'est un homme du nord venu en Provence rechercher le soleil. Il s'arrête au n° 30 de la rue de la Cavalerie, au restaurant Carrel, où il élit domicile. Sans tarder, dans sa chambre d'hôtel, le peintre se met au travail : « J'ai vu de bien belles choses, une ruine d'abbaye sur une colline plantée de houx, de pins et d'oliviers gris ». En quinze jours, Van Gogh peint huit grandes toiles. « Je suis dans une rage de travail puisque les arbres sont en fleurs et que je voulais faire un verger d'une gaieté monstre ».

Couleur et caractère

Près de Montmajour, son lieu de prédilection, Van Gogh peint avec passion, avec fougue, des chefs-d'œuvre : « la charrette bleue », « Arles au coucher du soleil » : la chaleur, les épis dorés qui se balancent au gré du mistral, les prairies qui recouvrent les anciens marais, les collines de pins et de chênes le transportent dans un autre monde. Le soir, dans sa maison jaune, il écrit à Théo, son frère, à sa sœur, à Gauguin et il leur parle de ses toiles.

Van Gogh n'ignore rien des courants artistiques de son temps, ses proches le considèrent comme un véritable critique d'art. Cet été-là, en Arles, les œuvres se succèdent : « La Halte des Bohémiens », « la Roubine du roi et ses lavandières », « Le Pont de fer de Trinquetaille », « le Zouave », « La Mousmé », « le Portrait du Facteur Roulin ». Hanté par la qualité des individus qu'il côtoie, Vincent Van Gogh adore également faire des portraits. « Je veux faire de la figure, de la figure et encore de la figure, c'est plus fort que moi ». En Arles, Van Gogh redevient le peintre des paysans qu'il était jadis, sous le ciel gris de Hollande (cf. « Les mangeurs de pommes de terre »). Maintenant, pourtant, la couleur est saisissante. « Un échange mouvant du caractère à la couleur et de la couleur au caractère ».

Van Gogh ne se lasse pas d'expliquer ce qu'il peint : « Je viens de terminer une toile qui représente un intérieur de café, la nuit, éclairé par des lampes. Quelques rôdeurs de nuit dorment dans un coin, la salle est peinte en rouge et, là-dedans, sous le gaz, le billard vert qui projette une immense ombre sur le plancher. (...) C'est partout un combat et une antithèse des verts et des rouges les plus différents, dans les personnages de voyous dormeurs, peints, dans la salle vide et triste, du violet et du bleu. Le rouge sang et le vert jaune du billard contrastent avec le petit vert tendre Louis XV du comptoir où il y a un bouquet de roses ».

Van Gogh et Gauguin

Théo, directeur d'une galerie d'art, comprend si fort son frère qu'il accepte de « l'entretenir » (contre l'envoi régulier d'œuvres achevées) et de financer « L'Atelier du Midi ». Cet atelier est le grand projet de Van Gogh : il espère accueillir dans sa « maison jaune » Gauguin, alors à Pont-Aven, « (...) ne pas subir son influence avant de pouvoir lui montrer mon originalité propre ». Van Gogh est à l'apogée de son génie. Il peint « La nuit étoilée » et « Les vignes rouges ». « Les vignes que je viens de peindre sont vertes, pourpres, jaunes à grappes violettes, à sarments noirs et orangés... ». Exalté, vivifié par l'air de Provence, il fait à nouveau son portrait qu'il commente pour Gauguin : « J'ai un portrait de moi tout cendré. La couleur cendrée qui résulte du mélange de véronèse avec la mine orangée sur fond véronèse pâle ».

M.O.

Autoportrait 1889 (0,65 × 0,54) Orsay.

Le 23 octobre, Gauguin arrive enfin en Arles. Les deux amis vont peindre ensemble les célèbres « Alyscamps », puis Van Gogh finira par ne plus supporter l'attitude dominatrice de son ami. La différence manifeste entre les deux peintres est signifiée par deux toiles de Van Gogh qui peint, d'une part, sa chaise, simple, austère même, et, d'autre part, le fauteuil de Gauguin, illuminé et raffiné ! Les espoirs, les rêves de Van Gogh s'écroulent brutalement. Lui qui voulait créer en Arles un refuge chaleureux pour « les impressionnistes pauvres » !

Le peintre le plus cher du monde

Gauguin décide de quitter Arles. Van Gogh se sent seul. Le soir du 23 décembre, une crise nerveuse, brutale s'empare de lui. Soigné par le Docteur Félix Rey, qui lui apporte toute son amitié, l'équilibre mental de Van Gogh reste pourtant fragile. Son allure inquiète les Arlésiens. Les enfants poursuivent dans la rue « l'homme à l'oreille coupée » (objet d'une mutilation volontaire). Les crises reprennent séparées par de longues périodes de calme. Trente Arlésiens signent une pétition pour l'expulser. Finalement, il rentre à « Saint-Paul-de-Mausole », la maison de santé de Saint-Rémy-de-Provence. Il commande de la toile et des couleurs et connaît, de nouveau, l'enthousiasme. De sa fenêtre il contemple le paysage si coloré des Alpilles. Il peut sortir librement, recherche la solitude et surtout peint frénétiquement. Ces toiles traduisent la sérénité des moissonneurs, des bergers, dans le cadre bucolique des Alpilles, « le champ clôturé » ; « Les Alpilles » ; « Champ de blé » ; « L'étude de cyprés » ; « Le faucheur » ; « Le lièvre » ; « Les oliviers » ; « Coquelicots » ; « Effets de nuit » ; « Lever de lune ».

En 1890, pour la première fois, Van Gogh est nommé dans le « Mercure de France ». Le 18 mai, il quitte Saint-Rémy pour Paris, puis, étape ultime, il se réfugie à Auvers-sur-Oise où il meurt le 27 juillet : il s'est tiré une balle dans le côté, en pleine campagne, près d'un champ de blé. « Champ de blé aux corbeaux » est d'ailleurs sa dernière œuvre.

Chaque année, des milliers de touristes viennent en Arles pour retrouver, à travers les rues et les champs, les traces de l'artiste.

De nos jours, les œuvres de Van Gogh sont exposées dans les plus grands musées et on peut affirmer qu'il est le peintre le plus cher du monde. En 1987, deux toiles ont été vendues pour... 600 millions de francs !

Ainsi, « Les tournesols », « Le pont de trinquetaille », « Les iris » séjournent à New York ou à Tokyo. Quoi qu'il en soit, la Provence est à l'honneur.

L'ESPACE VAN GOGH

Arles s'ouvre sur l'avenir en réhabilitant l'Hôtel-Dieu, cet ancien hôpital où fut hospitalisé Van Gogh. La vocation de « L'espace Van Gogh » ? Etre un lieu de travail, d'apprentissage, et de production artistique. Ce « quadrilatère » est presque tout entier dévolu au livre, à la lecture et à la traduction littéraire. Une grande salle d'exposition contemporaine marque le passage de Van Gogh en Arles et une section de la bibliothèque ouverte au public est spécialement consacrée à Van Gogh.

« L'espace Van Gogh » est un lieu stratégique — l'espace public le plus vaste et le plus central d'Arles — et surtout symbolique : quand Van Gogh fut hospitalisé dans cet hôpital, il écrivit à son frère Théo « C'est ici qu'il faut installer les ateliers de l'avenir ». Et, comme le dit si bien Monsieur Jean-Pierre Camoin, maire d'Arles, « dans l'esprit de Van Gogh, la peinture était tout autant l'art de mettre les couleurs sur une toile que celui de la communication (...) ». Cet « Espace Van Gogh » est un espace où, véritablement, Arlésiens et touristes se rencontreront. L'Hôpital n'est-il pas construit sur l'ancien forum romain, lieu de rencontres par essence ?

Le pont de Langlois qui a inspiré un des chefs d'œuvres de Van Gogh.

S.M.K.-M.

Autour d'Arles

BEAUCAIRE

Beaucaire est née sur l'emplacement de la cité romaine de Ugernum. Depuis 7 siècles, par-delà le Rhône, le château de Beaucaire observe celui de Tarascon. Tout au long du Moyen-Age, ce fut une longue course aux fortifications en prévision d'une attaque qui n'eut jamais lieu !

Le musée de la Vignasse

Installé dans l'enceinte du château en 1985, ce musée contient les collections autrefois exposées dans le musée du vieux Beaucaire et le musée lapidaire. Il renferme de nombreux trésors locaux tels que des documents sur la foire de Beaucaire, des costumes, des meubles et des ustensiles provençaux, une collection de poteries, des statues, mosaïques, monnaies, médailles gallo-romaines.

Le château

Situé sur une colline dominant la ville et le Rhône, c'était une forteresse importante qui appartenait aux comtes de Toulouse. Il comptait deux enceintes et c'est sous ses murs que se déroula le siège de 1216, épisode marquant de la fameuse Croisade des Albigeois où se joua le sort du Languedoc.

Après le rattachement de cette région à la France, le château devint citadelle royale et subit maintes réparations et transformations notamment sous Saint-Louis.

Ayant servi de refuge aux troupes de Gaston d'Orléans, lors de la rébellion de ce dernier contre son frère Louis XIII, il fut démantelé sur ordre du roi à partir de 1632.

Une magnifique tour polygonale dite « triangulaire », des parties de la première et de la seconde enceinte, une tour ronde, une chapelle romane et les substructions d'un monument romain indéterminé, qui a précédé le château médiéval au même emplacement, subsistent.

Des fouilles récentes ont fait apparaître les sols des bâtiments qui occupaient autrefois la plate-forme supérieure et un grand escalier qui permet au visiteur d'accéder, comme jadis, à la partie nord dominant le champ de foire.

Du haut de la tour polygonale, on découvre un panorama exceptionnel sur la basse vallée du Rhône.

L'Abbaye de Saint-Roman

Entièrement creusée dans le rocher au sommet d'une colline à 5 km de Beaucaire (par la D 999 direction Nîmes) cette abbaye rupestre est pratiquement unique en France.

Fondée aux environs du Ve siècle elle a duré jusqu'en 1538.

Après cette date elle est devenue forteresse par la construction d'un château sur la terrasse supérieure.

La destruction de ce château, en 1850, a remis en lumière l'abbaye primitive.

A l'heure actuelle on peut y voir une chapelle, aménagée dans une ancienne grotte naturelle, avec un admirable siège abbatial, une impressionnante nécropole « aérienne » sur la terrasse sommitale d'où l'on jouit d'un magnifique panorama, des cellules d'ermites, un pressoir à vin, les grandes salles occupées autrefois par les dortoirs, réfectoires et écuries, etc. le tout entièrement creusé dans le calcaire.

La Croix Couverte

Cet oratoire gothique, situé aux abords immédiats de la ville sur la route de la Camargue, a été construit à la fin du XIVe siècle par Jean de France Duc de Berry alors gouverneur du Languedoc. Edifié sur un plan triangulaire irrégulier l'oratoire abrite le socle d'une croix, laquelle a été enlevée au début du siècle et se trouve actuellement déposée au château.

A voir également : **L'Hôtel de Ville**

Cet édifice classique, Hôtel de Ville depuis l'origine, a été érigé entre 1679 et 1683 sur les plans de l'architecte Jacques Cubizol. D'un plan très simple, deux ailes reliées par une cage d'escalier monumentale encadrant une cour d'honneur, le bâtiment présente en façade un double soleil royal surmonté de banderoles portant autrefois la devise de la ville « célèbre par sa foire, illustre par sa fidélité ». Les armes de Beaucaire au centre de cette même façade sont les seules en France à être entourées du collier de l'Ordre de St-Michel, la plus haute distinction de l'Ancien Régime.

Eglise Notre-Dame-des-Pommiers

Construite de 1734 à 1744 par les architectes J.B. Franque et G. Rollin, cette collégiale de dimensions imposantes présente une façade curviligne ornée de bas-reliefs et, sur le mur extérieur du bas-côté est, une frise romane de près de 14 m de long figurant les épisodes de la passion et qui provient de l'ancien sanctuaire du XIIe siècle autrefois érigé ici et dont l'église actuelle a pris la place. Celle-ci abrite encore un maître-autel, une chaire à prêcher et des fonts baptismaux en marbre polychrome de belle facture, ainsi que de nombreux tableaux de maîtres.

Eglise Saint-Paul

Ancienne chapelle d'un couvent de Cordeliers, l'église St-Paul, dont la façade, très sobre, s'ouvre sur une courte impasse, est un sanctuaire gothique construit en deux temps : la nef au XIVe siècle, le chœur au XVe, en partie grâce aux libéralités de Tanneguy du Chatel, ancien prévôt de Paris. qui joua un rôle dans l'affaire du pont de Montereau, et viguier de Beaucaire. L'église a abrité plusieurs fois les réunions des Etats du Languedoc notamment en 1662 en présence du roi Louis XIII.

La foire de Beaucaire

La situation géographique privilégiée de Beaucaire, au croisement de voies terrestre et fluviale, a déterminé la création dans ses murs d'un grand marché fondé, sans doute, dès le haut Moyen Age et qui devait atteindre son apogée aux XVIIe et XVIIIe siècles. Cette foire placée sous le patronage de Ste-Marie-Madeleine, patronne de la cité, s'ouvrait donc tous les 21 juillet ; il s'y vendait de tout, mais plus spécialement des draps, laines et tissus. L'affluence y était considérable, la foire jouissant de la franchise des taxes pendant toute sa durée qui était de trois jours, non compris dimanche et fêtes, ce qui la portait à une semaine d'ouverture effective. Cette manifestation était d'un rapport très important pour la collectivité, les Beaucairois louant à prix d'or tous les locaux disponibles pour abriter marchands et marchandises sans compter la multitude des acheteurs. C'est ce qui explique l'ampleur et la magnificence des hôtels particuliers que l'on peut encore admirer dans certaines rues. La foire devait s'éteindre au milieu du siècle dernier, par suite de la disparition des privilèges et des transformations du commerce et des moyens de transport. Des fêtes célèbrent encore aujourd'hui, le 21 juillet, l'anniversaire de l'ouverture de la foire d'antan, et pendant 10 jours, Beaucaire est en fête et présente un panorama important d'animations, de jeux taurins, de feux d'artifices, un salon de la communication taurine, etc.

Le Drac

Cet être légendaire auquel Gervais de Tilbury attribue, en 1250, l'enlèvement d'une lavandière sur les bords du Rhône pour en faire la nourrice de son fils, fait partie du folklore beaucairois. Susceptible de changer de forme suivant les circonstances, le Drac, après avoir gardé sa prisonnière pendant sept ans, lui rendit sa liberté. Durant son séjour sous les eaux, cette femme avait acquis par hasard le don de voir le Drac — ordinairement invisible aux mortels — par l'un de ses yeux. C'est ainsi qu'elle le reconnut un jour alors que le personnage en question était venu faire benoîtement son marché à Beaucaire. Le Drac, se voyant découvert et s'étant enquis de la raison de ce don singulier, y mit fin en crevant l'œil coupable avec son doigt. La légende a été rapportée par Mistral dans le Poème du Rhône et fait pendant, en quelque sorte, à celle de la Tarasque sur l'autre rive du fleuve.

La fête du Drac est célébrée à Beaucaire, le premier week-end de juin. Au programme : les rencontres avec la bête fabuleuse à travers la ville, une retraite au flambeau, des jeux taurins, du jazz New Orleans.

BEAUCAIRE

VILLE D'ART
VILLE D'HISTOIRE
VILLE TAURINE
VILLE FLUVIALE
VILLE DE FETES

BEAUCAIRE VOUS ACCUEILLE

Pays de transition entre Occitanie et Provence,
Lieu d'une étrange originalité,
Image d'un passé médiéval,
Beaucaire et son Port de plaisance fluvial
Vous attendent à la Maison du Tourisme
24, Cours Gambetta

Tél. 66 59 26 57

Les toits de la ville.

Le port de plaisance.

Les arceaux de la place vieille.

Le château.

eupalinos

Camargue

pais de la fé di biòu

Les Créations du Pélican

La « Machine à créer » des Editions du Pélican ne produit pas que des livres.

Elle met à la disposition des établissements et organismes touristiques, ses idées, ses photos, son expérience aux Antilles, son équipe de professionnels de la publicité et son réseau de fournisseurs parmi les plus performants en Europe, afin de se pencher sur tout problème de dépliant, plaquette, affiche, logo, etc.

Contacter Jean-Michel Renault « Les Créations du Pélican »,
« La maison d'Eurydice » avenue de M. Teste
Montpellier 34070 **Tél. 67.45.24.21**
Guadeloupe : Loïc Codrons 24, allée des Perdrix SICAF
Destrellan 97.122 Baie-Mahault **Tél. 19 (590) 26.19.95**
St-Barthélemy : Loïc Codrons **Tél. 19 (590) 27.65.99**
St-Martin : Philippe Fiore. 97150 Marigot. BP 75.
Tél. 19 (590) 87.70.96

TARASCON

Tarascon, ancienne colonie commerciale de Marseille, se situe dans le triangle constitué par Nîmes, Arles et Avignon. Jadis, c'était une île, au milieu du Rhône, qui portait le nom de Jovarnica ou Gernica. Les dépôts d'alluvions la rattachèrent ensuite à la rive gauche du Rhône où s'éleva un castrum romain : Tarusco.

Le Château du Roi René

Le Château du Roy René est un des plus beaux châteaux féodaux de France. Edifié sur les vestiges d'un ancien castrum romain, par le Roi Charles 1er d'Anjou, cette forteresse du XIIIe siècle fut démolie par Louis II d'Anjou qui fit bâtir à la place le magnifique château dont les travaux se terminèrent en 1449. Vous pourrez admirer dans le château six magnifiques tapisseries du XVIIe à la gloire de Scipion, et, dans les communs, le « trésor » de l'apothicairerie de l'hôpital St-Nicolas : 210 pots à pharmacie en faïence de St-Jean-du-Désert et de Montpellier.

A voir également :

Condamine : (monument historique) C'est par la porte Condamine (1379) que François 1er, en 1516, après la bataille de Marignan, fit son entrée solennelle dans Tarascon.

Hôtel de Ville : il date de 1648. Sa magnifique façade est classée. A l'intérieur, admirez les plafonds à la française, les boiseries d'époque et les stalles des consuls.

Cloître des Cordeliers : construit vers 1450 par les cordeliers et occupé par cet ordre jusqu'en 1790. Il est aujourd'hui le lieu de nombreuses expositions.

Eglise Sainte-Marthe qui comprend une partie romane (XIIe siècle) et une partie gothique (XIVe siècle). Son portail roman est considéré comme l'un des plus marquants du Midi. La crypte renferme les reliques de Sainte-Marthe dans un sarcophage sculpté du IIIe siècle.

La maison de Tartarin de Tarascon : si le cœur vous en dit, faites un détour au 55 bis du boulevard Itam. Vous découvrirez une charmante maison entourée de plantes exotiques (il y a même un baobab dans son petit pot de réséda !)... A l'intérieur, un chasseur, le fusil à l'épaule, vous accueillera... Vous avez deviné, il s'agit de Tartarin. Ce héros d'Alphonse Daudet, vantard, habile menteur, ridicule, né en 1872, a fait la célébrité de Tarascon.

Le mythe de la Tarasque

La Tarasque était un véritable monstre, mi-terrestre, mi-aquatique, qui vivait caché dans un bois (« Nerluc », c'est-à-dire le bois sombre et sacré), au bord du fleuve. Lorsqu'il sortait, il tuait tous ceux qui se trouvaient sur son passage. Les efforts déployés pour le combattre restaient vains. Un jour, il fut surpris par 16 jeunes garçons et en dévora 8 ! C'est alors qu'arriva Sainte-Marthe. Elle s'approcha du monstre, lui jeta de l'eau bénite et le terrifia littéralement en brandissant une croix en bois. Ensuite, la Sainte l'étrangla avec sa ceinture et l'apporta aux Tarasconnais qui l'achevèrent à coups de lances et de pierres. A travers le temps, ce mythe

Tartarin de Tarascon
La Tarasque. Les chevaliers

a survécu sous forme artistique : sculptures, fresques, dessins, etc. et sous une forme plus vivante : la fête de la procession.

Le 14 avril 1474, le Roy René institua « l'Ordre des Chevaliers de la Tarasque ». Des jeux et des courses très symboliques suivirent. En quoi consistaient-ils ?

L'animateur était « l'abbé de la jeunesse », élu la veille de l'ascension par l'assemblée des chevaliers de la Tarasque « les Tarascaires ». Leurs statuts ordonnaient de « conserver ces jeux et de les célébrer au moins sept fois par siècle ». On devait faire alors « grand tintamarre, noces et festins pendant 50 jours (...) ». Le jeudi de l'Ascension on « essayait » la Tarasque, portée par 6 ou 8 hommes dissimulés à l'intérieur du monstre et dont l'un actionnait la terrible mâchoire articulée.

La Fête de la Tarasque

La fête se déroulait le jeudi de l'Ascension, les chevaliers ayant revêtu leur costume d'apparat. Après la messe, Tarasconnais et étrangers défilaient en ville. Au milieu d'eux, il y avait une fillette en robe blanche et voile bleu représentant Sainte-Marthe. Après cette parade, les courses de la Tarasque commençaient. Tandis que les chevaliers faisaient écarter la foule, l'abbé de la jeunesse donnait le signal en allumant des fusées dans le naseau du monstre qui bondissait, tournait, galopait, à la poursuite des Tarasconnais.

Les jeux comportaient également d'autres phases : « le cordeau » simulait la plantation de la vigne. A l'aide d'une corde, les paysans essayaient de faire choir les spectateurs. Les jardiniers et les marins, eux, arrosaient la foule sur leur passage, les ménagères qui offraient à boire « à la régalade, inondaient de vin les buteurs... ».

La bonne humeur éclatait de partout et chaque corps de métier était à l'honneur...

La Tarasque aujourd'hui :

Chaque année, le dernier week-end de juin, ont lieu les traditionnelles fêtes de la Tarasque et c'est à cette occasion que l'on sort la Tarasque qui est un énorme dragon tiré par les Chevaliers de l'Ordre de la Tarasque.

Pour en savoir plus sur la Tarasque, lire « Tarascon, cité du Roy René » J.M. Grandmaison.

Abbaye de Montmajour

A.P.

Alphonse Daudet et le moulin de Fontvieille

Le sommet de la colline de Montmajour, de tous temps considéré comme un lieu sacré, fut d'abord habité par des populations préhistoriques, puis par les Celtes, enfin par les Romains. Louis le Gros y envoya des moines qui se consacrèrent à l'assèchement des marécages alentour. L'abbaye, d'ordre bénédictin, se constitua au Xe siècle. Sa notoriété s'accrut rapidement grâce, entre autres, à un « pardon » créé en 1030. Pourtant, le Cardinal de Rohan, le dernier Abbé, subit un procès pour dettes. Il avait fait cadeau d'un collier à Marie-Antoinette et ne put le payer ! En guise de représailles, le roi ordonna la fermeture de l'abbaye en 1786.

Du vaste ensemble de l'abbaye, il ne reste aujourd'hui que l'église de Notre-Dame avec sa crypte et son cloître, la chapelle Saint-Pierre et la chapelle de la Sainte-Croix.

Abbaye de Saint-Michel-de-Frigolet

Au cœur de la montagnette, entre Tarascon, Graveson et Boulbon, les moines de Montmajour fondèrent une abbaye au Xe siècle. Ils venaient y soigner la malaria et élevèrent la chapelle « Notre Dame du Bon Remède ».

Frigolet, du nom provençal « férigoulo », le thym, est un haut-lieu de pèlerinage. Le lundi de Pâques, tous les groupes folkloriques de la région s'y rassemblent. Ce spectacle, haut en couleurs, attire la curiosité des touristes.

Fontvieille et le Moulin de Daudet

Le bourg fut formé par les carriers qui, venant de Castellet, s'installèrent autour de la vieille fontaine (d'où le nom de Fontvieille) pour tailler la pierre dans la masse de rocher sur laquelle est construit le village.

Dans les pins, le romarin et la lavande, vous découvrirez, à l'extérieur du village, les quatre vieux moulins à vent chantés par Alphonse Daudet.

Daudet, né à Nîmes en 1840, mort à Paris en 1897, aimait beaucoup Fontvieille. Il séjourna régulièrement au château de Montauban.

Vous visiterez le « Moulin des Lettres » « ce coin de roche qui m'était une patrie et dont on retrouve la trace dans presque tous mes livres », le « Musée iconographique », œuvre de la « Société des Amis des Moulins de Daudet » qui renferme de nombreux souvenirs du poète.

Maillane : berceau de Mistral

Mistral est né ici au mas du Juge, en 1830. « Lou souleu me fa canta » (le soleil me fait chanter) disait-il... Il aimait flâner sur la place et visiter, à tour de rôle, ses trois cafés : le France, le Commerce, le Soleil, aux trois opinions politiques différentes !

Vous découvrirez l'église, la rue du Géant, le puits des femmes, et surtout « la rue du poète » qui mène aux deux maisons qu'il occupa (la 2e est transformée en « Musée Frédéric-Mistral »).

Fêtes à Maillane : le 25 mars, anniversaire de la mort de Frédéric Mistral : messe en langue provençale, pèlerinage au tombeau, visite au Musée.

St-Eloi : avant dimanche de juillet : cavalcade harnachée à la sarrasine, jeux taurins, aïoli populaire.

8 septembre : anniversaire de la naissance de Mistral.

Mistral et le Félibrige

Le « Félibrige » voulait restaurer l'usage de la langue provençale couramment utilisée avant l'avènement des Comtes d'Anjou. Les félibres entreprennent la rédaction du premier numéro de « l'armana prouvençou », un almanach « bienvenu des paysans, goûté par les patriotes, estimé par les lettrés, recherché par les artistes » écrit-il lui-même.

En parallèle, l'écrivain travaille à la mise au point du « Trésor du Félibrige », un dictionnaire de la langue provençale qui fait, aujourd'hui encore, autorité.

Les Baux-de-Provence

La Cité des Baux, place forte à l'âge de fer, fit surtout parler d'elle à l'époque médiévale. Une puissante famille s'y installe dès le XIe siècle et construit château et donjon qui font parfaitement corps avec le rocher. « Raço d'eigloun, jamai Vassalo » (race d'aiglons, jamais vassale) écrira Mistral. Les Seigneurs des Baux, en effet, réussirent à tenir tête aux Comtes de Provence pendant plusieurs siècles.

Sa grandeur s'éteindra avec la destruction de son château en 1632 et avec la migration de sa population vers les terres des anciens marais nouvellement asséchés.

Le marquisat des Grimaldi (1642-1792) essaiera de la remettre en valeur. Aujourd'hui, la vieille cité se confond à la roche, formant une étrange union entre l'œuvre de l'homme et celle de la nature. Se détachant des Alpilles, elle domine la plaine de la Crau, la Camargue, l'Etang du Vaccarès, et au-delà, la Méditerranée...

Les Baux de Provence, au fond de la chaîne des Alpilles

Le village s'abrite au pied des ruines du splendide château. Il a été magnifiquement rénové « (...) chaque rue montueuse, chaque porte, chaque pierre dit l'art, l'effort et la foi des hommes qui vécurent ici (...) » écrit Maurice Druon de l'Académie française.

Vous aimerez grimper par les ruelles où, dans le respect de la tradition médiévale, de nombreux artisans se sont installés. Dans chaque échoppe, on trouve toute la Provence « folklorisée » : sachets de thym et de lavande, gadgets en bois d'olivier, vêtements taillés dans le célèbre imprimé « Soleiado ».

A voir :

— Musée des Santons, ancien Hôtel de Ville (XVIe siècle). — Musée historique des Baux, Hôtel de Manville (XVIe siècle). — Fondation « Louis Jou » : « Des manuscrits aux Livres d'Art moderne » Hôtel Jean de Brion (XVIe siècle). — Musée d'Art contemporain : « La Provence à travers les grands peintres modernes », Hôtel des Porcelets (XVIe siècle). — Chapelle des Pénitents Blancs (XVIIe) entièrement ornée de grandes fresques d'Yves Brayer. — Musée archéologique et lapidaire, la Tour du Brau (XIVe siècle) — La cathédrale d'images et Fondation Albert Plecy. Nouvelle approche de la photo et de la lumière dans le cadre extraordinaire d'anciennes carrières. — Deux galeries municipales offrent leurs cimaises aux expositions de peintres contemporains.

Saint-Rémy-de-Provence

Tout d'abord, la ville était connue pour avoir donné le jour en 1503 à un homme devenu célèbre pour ses prophéties : Nostradamus. Puis, en 1921, des fouilles archéologiques révélèrent l'existence d'une ville jusqu'alors insoupçonnée « Glanum ». Les monuments, témoins d'un glorieux passé, sont mondialement connus. « Le Mausolée de Jules », appelé « Les Antiques », attire en permanence une foule de visiteurs. Le « Cénotaphe » est un des plus beaux du monde romain et sans doute le mieux conservé. A proximité, on trouve le monastère de Saint-Paul-de-Mausole où fut hospitalisé Van Gogh, en 1889 (voir chap. « Van Gogh en Arles »).

A voir également :

— Le Cloître de Saint-Paul. — La Tour du Cardinal. — L'Hôtel de Sade. — L'Hôtel de Montdragon. — Le Musée. — Le Lac. — La Caume. — Le Mont-Gaussier.

Les Salins, terre du sel

Salin-de-Giraud a une histoire particulièrement originale. Cette petite localité de la rive droite du Rhône appartient à la commune d'Arles. Elle gère la partie sud de la Camargue et la zone littorale.

Le village s'est entièrement créé autour de l'extraction et de l'exploitation du sel par Péchiney et Solvay vers 1855. Il est divisé en deux quartiers « privés » : d'un côté, celui de Solvay, de l'autre, celui des « salins du midi ».

Le type d'habitat de chez Solvay participe du modèle d'organisation des cités industrielles du nord de la France, fin XIXe, début XXe. C'est un habitat très hiérarchisé .

Les ouvriers habitent de véritables corons ; les contremaîtres des villas jumelées ; les ingénieurs, des propriétés privées, entourées d'un parc... Ainsi, dans ce « plat pays » camarguais, où dominent les corons, les terrils de charbon ont été remplacés par des terrils de sel.
Le type d'habitat des « salins du midi », lui, s'inscrit naturellement dans l'histoire : il s'agit d'une architecture « années 40 ».

Une autre particularité de Salin : jusqu'en 83, les infrastructures (voieries, etc.) n'appartenaient pas au domaine public mais étaient la propriété des sociétés !

Qui est venu s'installer à Salin ?

Tout d'abord, des voisins « immédiats » venant de Saint-Gilles, de Marseille... Ensuite, des Grecs et des Arméniens, appelés pour combler la perte de main d'œuvre masculine due à la guerre.

A l'heure actuelle, on distingue encore les « étrangers » (ils vivent en autarcie et ont conservé leurs coutumes), les « saliniens » (population de « proximité ici depuis plusieurs générations »), enfin, les « camarguais » (habitants des mas alentour).

La nature à Salin

La plage s'étend de la pointe de Beauduc à Port-Saint-Louis-du-Rhône. C'est peut-être la plage la plus sauvage d'Europe. N'étant ni urbanisée, ni organisée, tous les adeptes du camping sauvage et du naturisme la recherchent. (Vous trouverez la zone naturiste au débouché de la route départementale à 1 km à l'est).

Par la « digue à la mer », vous accèderez au Golfe de Beauduc. Vous découvrirez alors, dans le cadre majestueux du Vaccarès, un monde irréel, le bout du monde...

L'été, les touristes se prélassent sur les immenses plages, entre les bateaux de pêche et les filets séchant au soleil. En hiver, Beauduc abrite des « marginaux », amoureux de la Camargue solitaire. Et puis, il y a aussi Marc et Mireille Manias qui vous accueillent avec chaleur dans leur restaurant-guinguette. Tout au long de l'année, ils servent du poisson frais et grillé, pêché le matin même par Marc.

A Salin, ne manquez pas de visiter « les salins du midi » : la plus grande exploitation de sel d'Europe !

Fêtes à Salin Fête orthodoxe.
Fête votive dans la semaine du 14 juillet.

Fos-sur-Mer

Un nouveau port, relevant du Port autonome de Marseille a été créé en 1965, ainsi qu'un complexe industriel important. Mais Fos-sur-Mer a aussi conservé son vieux village : des ruelles conduisent aux remparts d'où on domine la Crau et le Golfe de Fos.

A voir :

— l'allée des Pins qui fait le lien entre l'ancien centre et la ville nouvelle ;
— la tour de l'Horloge, les remparts, l'église du XIIe ;
— le quartier de l'Hauture et son éperon rocheux ;
— le musée de la chapelle de la mer : collection d'amphores, monnaies, verreries, lampes en céramiques ;
— « la Fossette » : une maquette et projection de films illustrent la zone portuaire et industrielle.

Port Saint-Louis-du-Rhône

La ville et le port se sont développés à l'embouchure du Grand-Rhône. Le bassin de Port Saint-Louis rattaché lui aussi au port autonome de Marseille a été créé en 1863.

A voir : la Tour St-Louis du XVIIIe.

Port-de-Bouc

Ce port est protégé par un fort élevé par Vauban en 1664.

A voir : Tour du XIe transformée en phare.

La mémoire de la Camargue : Carle Naudot (1880-1948)

Même s'il a passé près du tiers de sa vie hors du delta, Carle Naudot surnommé Lou Camarguen, était sensuellement attaché à la terre camarguaise.

Né en 1880, il entre à 18 ans aux ateliers de chemin de fer d'Arles. Quatre ans plus tard, en 1902, il est « tourneur » à la société Solvay de Salin de Giraud. Là, il épouse Joséphine en 1906, fille de Marie Jouquet et du célèbre éleveur de taureaux Christophe Yonnet. Alors « chef de bureau d'étude » il ne quittera l'entreprise qu'en 1942 pour prendre sa retraite. L'année suivante, il s'installe à Arles, à la « Genouillade » où Joséphine meurt quelques mois plus tard et où il s'éteindra à son tour en juillet 48.

Carle Naudot est un artiste, un passionné... Il photographie, dessine, écrit des chansons et des livres : « Le Seden » (1947) ; « Terre de Camargue » (en collaboration avec Henri Marc et Victor Quentin) en 1948 ; « Camargue et gardians » terminé l'année de sa mort et que le parc régional de Camargue publiera en 1977.

Adjoint spécial de Salin de Giraud à la mairie d'Arles, il fait partie des grandes associations traditionalistes « la Nation gardiane », « le felibrige ». Il s'occupe également du « Club taurin de Salin de Giraud », créé en 1901 à son initiative et de la « confrérie des gardians ». Enfin, il est inscrit à la société d'ethnologie française.

Durant ses promenades, il a pris 1857 clichés photographiques, la plupart sur la Camargue, qui constituent une véritable chronique de la vie quotidienne de l'époque.

Le 17 mars 1983, ses filles Nerte et Estérelle ont fait don au Musée Camarguais des négatifs réalisés au début du siècle. Depuis le 15 janvier 87, une fabuleuse exposition « Visages de Camargue » se tient au Mas Rousty (musée Camarguais).

Les Saintes-Maries-de-la-Mer, lieu de pélerinages

L'arrivée aux Saintes-Maries-de-la-Mer a toujours quelque chose d'un peu magique.

Dans l'immense plaine marécageuse, entre la Méditerranée et les étangs des Launes et de l'Impérial, se dresse, au loin, la silhouette mythique de l'église. Elle est restée telle que la vit la « Mireio » de Mistral au terme de son dramatique voyage.

Dans l'antiquité, la Camargue était une île consacrée au dieu égyptien Râ, le père du soleil. Le village des Saintes est justement bâti à proximité de l'emplacement de l'oppidum Râ. Il s'appelle, tout d'abord, Notre Dame de Ratis, qui devient plus tard Radeau, puis Notre Dame de la Mer. Il prend son nom actuel en 1838.

On entre dans les Saintes-Maries, la petite bourgade blanche aux maisons peintes à la chaux, et on parcourt ses rues chargées d'histoire : rue des Pénitents Blancs, rue Pranisnikoff..., rue Joseph-Espelly, où vit Albert Espelly qui est « dans les taureaux depuis l'arrière grand-père Vincent ».

Aux Saintes, tout le monde se connaît et les nombreux visiteurs se sentent tout de suite chez eux.

L'église forteresse

Visible à 10 km à la ronde, cette curieuse église domine les Saintes. Elle est formée par une nef unique et droite, haute de 15 m, sans chapelle ni sacristie. Le toit est entouré d'un chemin de ronde avec créneaux et machicoulis. Le chœur et l'abside sont surmontés d'un donjon en hémicycle. Construite près de l'embouchure du petit Rhône, l'église avait un rôle stratégique : au Moyen-Age, les pirates sévissaient sur cette côte déserte et loin de toute grande ville. Aussi, quand ils apparaissaient à l'horizon, la population toute entière se réfugiait dans l'église. Cela explique que les murs soient percés de meurtrières et qu'on trouve même un puits d'eau douce. Une petite porte étroite donnant sur la place permet de pénétrer dans la « forteresse » obscure et humide.

Bien sûr, vous irez, d'abord, mettre un cierge à la crypte de Sainte-Sarah. Çà et là, vous remarquerez les ex-votos et des objets encore plus émouvants tels ces souliers d'infirmes, flagrants témoins d'un miracle passé.

Prenez le temps de visiter plus amplement toute l'église en longeant ses murs de pierre brune.

Et si vous désirez en savoir plus, à la sortie, moyennant quelques francs, un distributeur automatique vous délivrera... des documents touristiques.

Le musée de cire

Ce musée « Grévin » de la Camargue présente en 19 tableaux le folklore et la vie des Saintes-Maries. Vous verrez des personnages grandeur nature, des animaux et une collection de 200 oiseaux. Vous parcourrez la salle d'armes de collection et la grande galerie de glaces...

LE MUSEE BARONCELLI

Les Saintes possèdent un square Baroncelli, un groupe folklorique Baroncelli et... un musée. Ici, tout le monde garde le souvenir de ce personnage exceptionnel, simple, qui aimait les Saintois et la Camargue par dessus tout (voir chap. « La foi qui sauve les taureaux »).

Partout, les empreintes de l'homme aux sabots légendaires demeurent : les « anciens » vous raconteront qu'il attachait toujours son cheval devant l'hôtel des postes et déambulait dans la rue, saluant, au passage, tous les habitants de la bourgade.

Visite du Musée

Les collections du Musée Baroncelli sont installées depuis 1942 dans l'ancien hôtel de ville et prétoire de justice de paix, construit en 1876 par l'architecte arlésien Véran. Ce musée est essentiellement consacré à l'histoire de la ville des Saintes-Maries, au folklore régional et à la zoologie camarguaise.

Le rez-de-chaussée est destiné à des dioramas d'oiseaux et d'animaux vivant dans le delta.

La grande salle du 1er étage contient des trésors archéologiques gallo-romains, de nombreux documents concernant l'histoire de la commune au 17e siècle, une présentation des costumes de « Mireille » et de l'« Arlésienne ». Un petit escalier à vis mène à une terrasse d'où l'on jouit d'une belle vue sur l'église et le village, le Vaccarès et le petit Rhône.

Les Traces du Marquis

Le Marquis Folco de Baroncelli est né le 1er novembre 1869 à Aix-en-Provence. Fils d'une famille florentine aisée, il fait de brillantes études et rien, à priori, ne le destine à la poésie et à la bouvine.

Sa vocation se révèle chez sa grand-mère Madame de Chazelles, propriétaire d'un mas à Bellecôte, où il passe ses vacances. C'est là qu'il découvre la véritable nature camarguaise dans le respect des traditions et des valeurs ancestrales.

Il rencontre ensuite Frédéric Mistral qui lui confie la publication du journal « L'aïoli », le premier grand journal du félibrige. Baroncelli écrit, d'ailleurs, lui aussi, en prose et en vers. On lui doit, notamment, une émouvante nouvelle « Babali ». Mais le jeune Folco a une autre passion : la bouvine. Il décide, un beau jour, de s'installer à deux pas des Saintes au mas de l'Amarée, et se marie, en 1895, avec Mademoiselle Constantin. Une vie de manadier-poète commence. C'est à cette époque qu'il défend la race de taureaux « Camargue » profondément menacée (voir chap. « la foi qui sauve les taureaux »). En 1931, il fonde la « Nacioun Gardiano » qui réunit sous la même bannière manadiers et « Aficionados » de la bouvine venant à la fois de la province arlésienne et du Bas-Languedoc.

Il luttera aussi en faveur de l'Occident aux côtés de Mistral, Jean Grand, Bernard de Montaud-Manse, Joseph d'Arbaud... Toute sa vie, il se révèle un ardent fédéraliste, défenseur de la Camargue, de la Provence et de l'Occitan.

D.A.

Les Saintes vues du « Domaine de l'Amarée ».

J.M.R.

La terrasse de l'église se visite également...

La statue de Mireille

En offrant, en 1920, aux Saintois, la statue de Mireille, œuvre du sculpteur Antonin Mercié, la veuve de Mistral voulait perpétuer les vœux de son mari. En effet, six années après la mort de l'écrivain, ses idées, au sortir de la guerre, reprenaient vigueur.

Par le petit chemin de fer de Camargue, on était venu de partout : d'Arles, d'Avignon, de Marseille, de Carpentras, de Nîmes, de Montpellier... rendre un hommage à Mireille et, par là même, à Mistral. Ainsi, la statue veillerait sur les Saintes. En 1943, pourtant, Marcel Carrières relate que Mireille a failli fondre, non point sous le soleil de Camargue, mais dans les fours allemands ! En plein hiver, un ferrailleur de Nîmes, M. Durand, vint chercher la statue qui devait être « transformée » en canons pour la Wehrmarcht... Mais, la guerre terminée, les Saintois eurent l'agréable surprise de voir revenir leur chère Mireille ! Le ferrailleur nîmois, en bon félibre, n'avait pas eu le courage de livrer la statue aux fondeurs...

La Mireille de Mistral

Composé de 12 chants, en strophes de 7 vers, ce magnifique poème évoque un amour absolu et impossible dans le cadre enchanteur de la Provence.

Tous les Provençaux connaissent bien l'histoire de Mireille, fille du riche propriétaire du Mas des Micocouliers, dans les Alpilles. Elle aime Vincent, le fils de maître Ambroise, pauvre vannier du village gardois de Vallabrègues. Apprenant que son père s'oppose à son mariage, Mireille se sauve de la maison paternelle pour aller prier les Saintes-Maries-de-la-Mer et les supplier de fléchir la volonté de son père.

Elle traverse la plaine de la Crau, tête nue sous le soleil et arrive aux Saintes-Maries pour y mourir d'insolation, dans les bras de Vincent désespéré.

La Festo Vierginenco

Le 24 juin 1904, le marquis de Baroncelli fondait en Avignon une association : « lou Coumitat Vierginien »

Port-Gardian : il est né le 29 juin 1984. C'est un port tout neuf creusé sur l'emplacement de l'ancien parking. Pourtant, il paraît être là depuis toujours tant il s'intègre au paysage : maisons blanches, cabanes de gardians... A mi-chemin entre Port-Camargue et Fos-sur-Mer, il constitue une formidable escale pour celui qui longe le littoral en bateau... (vue de la capitainerie).

J.M.R.

c'est-à-dire « la Festo Vierginenco » (fêtes des vierges).

Créée par Frédéric Mistral en Arles, cette fête glorifie les jeunes filles qui portent le costume d'Arlésienne pour la première fois. Mistral désirait que chaque village eut sa « Festo Vierginenco ».

Seul le village des Saintes-Maries a conservé cette coutume grâce au marquis qui, jusqu'en 1939, en fut l'organisateur et en assura le succès.

L'avant-dernier dimanche de juillet, les cavaliers de la Nacioun Gardiano, conduits par leur capitaine, et les Arlésiennes, se rendent aux Saintes. Le programme de la journée est typiquement provençal : courses camarguaises, jeux équestres, danses folkloriques...

Vue des Saintes avec le musée Baroncelli.

(Collection Guy Morel)

Bénédiction de la mer, le 25 mai 1932

Des siècles de pèlerinage

Les Saintes-Maries-de-la-Mer sont, depuis toujours, un lieu de pèlerinage.

A l'époque mérovingienne, les malades viennent de très loin prier St-Hippolyte. Au XIVe siècle, ce culte disparaît au profit des Saintes-Maries.

Un débarquement célèbre

Selon la tradition, deux sœurs, Marie-Jacobé et Marie-Salomé, persécutées par les Juifs, débarquent, par miracle, sur la plage des Saintes. Elles viennent de Palestine à bord d'une embarcation précaire — sans voiles, sans avirons, sans provisions — en compagnie des proches du Christ : Marie-Madeleine, Saint-Lazare, Saint-Ruf... A terre, chacun se disperse afin d'évangéliser les peuplades voisines. Seules, Marie-Jacobé et Marie-Salomé restent sur place et convertissent à la foi nouvelle les nomades qui parcourent les forêts de pins et les lagunes (nous rejoignons ici l'histoire : l'évangélisation de la France s'est faite, d'abord, par la Vallée du Rhône). Après une vie bienfaisante, elles reçoivent les sacrements du premier évêque d'Arles : Saint-Trophime.

La curiosité du Roi René

Séduit par la merveilleuse histoire des Saintes, le Roi René, Comte de Provence, entreprend, en 1448, de rechercher les restes des deux femmes. Des ossements sont découverts dans la crypte (une analyse récente indique qu'il s'agit de corps de femmes de type oriental, datant du 1er siècle).

Protégées par des châsses, on place les reliques dans la chapelle-haute et le mythe devenant réalité, le pèlerinage se poursuit avec une ferveur accrue.

L'origine du pèlerinage d'octobre

A la Révolution, des Jacobins puritains jugent ce culte immoral. (Arles, alors bastion d'idées nouvelles, est vue d'un mauvais œil...). Ils tentent de brûler les reliques, heureusement sauvées par les fidèles.

En souvenir de ce sauvetage, chaque année, en automne (pèlerinage d'octobre) une cérémonie calme, confidentielle, se déroule aux Saintes-Maries.

Le pèlerinage du 24 mai

Tous les 24 mai, aux Saintes-Maries, les hérons, furieux, quittent les roubines bordées de roseaux pour fuir les « déclics » intempestifs des chasseurs d'images... En effet, chaque année, un fleuve de « pélerins » avides de clichés, s'achemine vers la petite bourgade du bout du monde.

Depuis plusieurs jours déjà, les hôtels affichent « complet » et les chambres chez l'habitant se négocient à prix d'or... Si Jésus a chassé les marchands du temple, devant l'église, les marchands de cartes postales, eux, vont faire fortune ! Aujourd'hui est jour de liesse, le jour du célèbre « pèlerinage des gitans ».

D'ailleurs, ils sont tous là, venus on ne sait d'où, bivouaquant maintenant sur le terrain de camping municipal ou en bordure de l'étang de Launes, agglutinés autour des caravanes et des Mercédès poussiéreuses...

Le Pélerinage des gitans

La fête commence

Après les vêpres, les châsses de Marie-Jacobé et Marie-Salomé sont descendues lentement de la chapelle-haute au bout de deux solides câbles. Chaque arrêt, prévu par une très ancienne liturgie, est marqué de cantiques. « Vive les Saintes-Maries » crient les pèlerins assemblés dans l'église ou se bousculant sur le parvis. Les châsses atteignent ainsi le chœur. Les fidèles des premiers rangs, gitans et provençaux confondus, tendent les bras vers les Saintes pour essayer de les toucher les premiers. Enfin, les châsses se posent sur un large socle.

C'est là que, tour à tour, les croyants embrassent le bois illuminé des châsses tout en récitant des prières et en formulant les vœux les plus secrets. Une émotion s'empare de tous dans l'atmosphère surchauffée des cierges.

Ce même soir, dans l'euphorie générale, les Gitans promènent en procession, jusqu'à la mer, leur statue noire. Ce spectacle, à lui seul, vaut le déplacement ! Petits et grands suivent le cortège : marmaille en haillons, femmes enceintes portant leurs derniers nés, jeunes filles au regard de panthère, vénérables vieillards...

A la procession de Sarah succède, le lendemain 25 « l'autre » procession : une barque remplie de fleurs printanières, dans laquelle sont figurées les deux Saintes, débouche soudain d'une rue. Portée à bout de bras, elle semble voguer tranquillement sur une mer humaine... La procession s'ébranle et la foule entonne d'une seule voix le cantique. En tête, les gardians à cheval se fraient un passage suivis des porteurs de bannières et des fières Arlésiennes vêtues à l'antique...

Bientôt, la formidable procession atteint le rivage. Les porteurs de la barque pénètrent dans l'eau. Bénédiction et sermons sont dispensés à la foule. Bien vite, pourtant, le sacré s'efface devant le folklore : on se disperse dans les rues de la petite ville et de chaque cuisine, s'échappe le fumet d'un repas de fête... Le soir, les châsses sont remontées et l'ascension est précédée d'un long panégyrique des Saintes-Maries...

C'est alors que la Camargue retrouve son éternel silence... On entend, seulement, au loin, les accords d'une guitare magique et des voix gutturales qui, doucement, colorent la nuit. Demain, tels des oiseaux migrateurs, les gitans repartiront. Par quels chemins ? Vers quels destins ?

Dans la nef de l'église, la barque des deux Saintes.

J.M.R.

La légende de Sainte Sarah

Qui était cette Sainte Sarah que les Gitans viennent adorer chaque année le 24 mai ?

La légende fait d'elle la servante égyptienne de Marie-Jacobé et de Marie-Salomé. Certains disent qu'elle vivait déjà avec les deux sœurs en Palestine. Lorsque les Juifs les abandonnèrent sur l'eau Sarah fut oubliée au bord de la mer. Voulant partager le sort de ses maîtresses, elle étendit son voile sur les vagues en guise de barque et rejoignit ainsi l'équipage... D'autres disent qu'elle fut recrutée sur place, après le débarquement.

Enfin, la tradition gitane décrète que, lors des migrations qui les conduisirent des pays de l'Est vers l'océan, une femme à la peau noire les aurait guidés au milieu des embûches du voyage. Les Gitans identifient cette héroïne mythique à Sarah, devenue leur grande patronne.

LES GITANS DES SAINTES-MARIES-DE-LA-MER

Personne ne peut dater exactement l'arrivée des Gitans en Camargue. On sait que certains Tziganes se rendaient à la célèbre foire de Beaucaire et, de là, continuaient le voyage jusqu'aux Saintes. Ils venaient vénérer Sarah, « la gitana ». Dès les premiers temps, ils envahissent la crypte où se trouve la statue noire, défilent devant la châsse, cierges en mains. Ils campent aux alentours alors que les fidèles, au contraire, s'établissent dans l'église elle-même et n'en bougent plus pendant la durée des fêtes.

Après les troubles de l'anticléricalisme en 1789, l'Eglise chancelante favorise l'apport de nouveaux prosélytes. Les Gitans, considérés jusqu'alors comme des « réprouvés » et chassés de village en village, se mêlent, pour la première fois, à la foule des pèlerins. Au milieu des Chrétiens, ils célèbrent, en silence, les rites païens de l'adoration de l'eau et du feu.

En 1855, Mistral écrit « l'église était bondée de gens du Languedoc, de femmes d'Arles, d'infirmes, de bohémiennes, tous les uns sur les autres. Ce sont, d'ailleurs, les bohémiens qui font brûler les plus gros cierges, mais exclusivement à l'autel de Sarah qui, d'après leur croyance, était de leur nationalité » (mémoires et récits).

Longtemps, le clergé refuse le culte de Sarah. Cependant, en 1935, quelques chefs gitans de la région, aidés par le Marquis de Baroncelli, obtinrent d'organiser une procession, à la mer, de la statue noire. Entre les deux guerres, un million de Gitans viennent déjà aux Saintes. L'ambiance est conviviale : Saintois et Gitans échangent des nouvelles, s'invitent à la maison ou à la caravane... et même sous l'occupation, malgré les dangers qu'ils courent, les Gitans ne manquent pas le pèlerinage. Jusqu'en 1945, ce sont surtout ceux du Midi ou d'Espagne qui fréquentent les Saintes-Maries. Après les années 50, toutes les ethnies sont représentées. L'Abbé Morel, des Saintes-Maries, raconte qu'en 1982 une tribu « les Tinkers » venue d'Irlande du Nord parlait anglais et buvait le thé à 16 h, alors qu'une autre venue, elle, de Yougoslavie parlait arabe et portait le vêtement coranique...

Qui sont-ils ?

Durant le pèlerinage, les Gitans disposent stratégiquement leurs caravanes et s'organisent en véritable cité avec ses venelles, ses quartiers, ses traditions... Mais si l'appellation « Gitan » est donnée à l'ensemble des Tziganes, le Gitan forme une ethnie distincte. L'Espagne fut longtemps son pays de prédilection, comme le signale leurs noms de famille et leur dialecte (le « kalo »). Ils se disent, soit « Catalans » soit « Andalous ». Ce sont eux qui ont apporté à l'Espagne l'art flamenco des danseurs célèbres (Luisillo, Imperio Argentina, Carmen Amaya, Lola Florès, la Chounga), ainsi que de grands toreros. Et à la France, le guitariste aux mains d'argent « Manitas de Plata » !

Les Rom

Il s'agit, sans doute, de l'ethnie la plus pittoresque. Oui, vous connaissez les femmes vêtues de jupes multicolores qui portent un foulard sur la tête quand elles sont mariées. Les plus riches d'entre-elles, montrent la richesse de leur tribu autour du cou : un collier de pièces d'or !

Leur métier : dire « la bonne aventure », tandis que les hommes sont rétameurs, chaudronniers ou doreurs, ce qui les oblige à vivre généralement dans les banlieues industrielles de Lyon, Paris, Lille. Les Rom ont su préserver leur identité : langue (proche du sanscrit) tradition, légendes. Après avoir traversé l'Europe Centrale, les Rom sont aujourd'hui répandus dans le monde entier, du Canada à l'Australie et à l'Amérique du Sud.

Les Manouches

Les Manouches et leurs cousins (les « Sinti ») se reconnaissent à leur traditionnelle moustache ou à leur petite barbiche. Ils sont généralement vanniers, forains ou ferrailleurs. Les Manouches qui ont longtemps séjourné en

Croix des gens du voyage »

Bénédiction de Sainte-Sara dans la mer.

Allemagne portent des noms germaniques (Django Reinhardt).

Au-delà des différences, c'est la même foi fantastique qui réunit la cartomancienne, le riche maquignon et le pauvre vannier. La foi et la fête. D'ailleurs, c'est surtout pour assister à ce rassemblement bariolé que les pèlerins affluent aux Saintes-Maries-de-la-Mer. Ce pèlerinage n'a-t-il pas pris, depuis quelques années, le nom de « pèlerinage des Gitans » ?

Maintenant, les autorités religieuses, non seulement assistent à la cérémonie « païenne », mais encore, les sermons officiels font mention de « Sainte Sarah ». Certes, la Sainte noire n'a pas été canonisée, mais quelle revanche pour les Gitans !

(En haut) Le tour de France à la voile des Saintes-Maries.
Un autre regard, embrasé, sur le Port-Gardian.

J.M.R. W

O.T.S.M.

O.T.S.M.

« La semaine de vitesse » aux Saintes.

Ecole de voile des Saintes.

La défense des minorités

Le Marquis de Baroncelli a toujours été le défenseur des minorités opprimées. Avant la dernière guerre, on parlait déjà de minorités et, parmi elles figuraient les Tziganes en France et les Peaux-Rouges aux U.S.A.

Dans une longue étude publiée en 1910, « les Bohémiens » de Saintes-Maries, Folco de Baroncelli constate des ressemblances physiques et linguistiques entre Indiens et Gitans. Or, il est exact que les Indiens sont originaires d'Asie, au même titre que les Tziganes. Peut-être sont-ils de la même famille qui, ensuite, se serait divisée à une époque reculée de l'histoire ou de la préhistoire ?

Le marquis s'est donc intéressé de près au Gitans et aux Indiens et ceux-ci ont gardé, de lui, un souvenir vivace.

L'Association Saintoise des Amis des Gitans

Cette association, créée en 1984, a un rôle de solidarité active envers les gens du voyage. Elle s'efforce d'obtenir une meilleure prise en compte de l'accueil des Gitans résidant aux Saintes-Maries, ou venant en pèlerinage. Elle informe sur la culture nomade par des expositions durant le pèlerinage de mai. « Le voyage du Gitan est une philosophie, c'est une façon d'être, de vivre, c'est une disponibilité » constate la présidente de l'Association, Thérèse Chevalier.

Les fêtes aux Saintes-Maries

Pâques et Pentecôte : courses de taureaux.
24 et 25 mai : Pèlerinage des Gitans.
26 mai : Journée à la mémoire du Marquis de Baroncelli.
3e dimanche de juin : fête votive.
3e ou 4e dimanche de juillet : Festo Vierginenco.
9 au 14 juillet : Feria du cheval.
15 août : Grande Feria Santoise.
2e ou 3e dimanche de septembre : Jornada di Biou.
Automne : Journée de Mireille.
Avant dernier dimanche d'octobre : pèlerinage des Saintes.
24-25 décembre : Noël Provençal, avec défilé dans les rues de Gardians, Arlésiennes, tambourinaïres, bergers et pêcheurs portant les offrandes.

A voir aussi :

Le Parc Ornithologique du Pont de Gau (voir chap. « Protégeons la Camargue »).
Le Centre de Gines (voir chap. « Protégeons la Camargue »).
L'étang des Launes avec le tombeau du Marquis de Baroncelli près du mas « Lou Simbeu » et la Croix des Gardians au pont du Mort (inventée par Paul Hermann en 1926, à la demande du marquis de Baroncelli). Elle incarne les 3 vertus fondamentales de la chrétienté : la foi, l'espérance, la charité.
L'Etang du Fangassier pour la présence permanente des flamants roses.

ET SI C'ETAIT DU CINEMA ?

Le cinéma a souvent donné des Saintes-Maries-de-la-Mer une image mythique, celle d'un désert peuplé de taureaux et de chevaux sauvages où le seul événement marquant est le pèlerinage. Il faut savoir que plusieurs centaines de films ont été tournés depuis le début du siècle, en Camargue.

En effet, la Camargue « permet de représenter des pays lointains et exotiques sans qu'il soit nécessaire de quitter l'Hexagone » écrit Evelyne Duret à l'occasion de l'exposition du Musée Camarguais en 1984, sur le thème « Camargue, Terre de Cinéma ». Joe Hamman fut le premier, avant la première guerre mondiale, à « exploiter » cinématographiquement la Camargue.

Le delta a donc souvent servi de décor. Mais dans certains films au contraire, l'action se situe explicitement en Camargue et les scénarios sont bien souvent empruntés à la littérature régionale. L'œuvre de Mistral et celle de Daudet ont été plusieurs fois adaptées au cinéma : en 1906, 1920, 1933 en ce qui concerne Mireille ; en 1909, 1922, 1930 et en 1941 pour « L'Arlésienne ». Quelques réalisateurs et acteurs qui ont travaillé en Camargue, possèdent, d'ailleurs, des attaches au pays : Louis Feuillade, coréalisateur de la première version de Mireille est né dans l'Hérault à Lunel, tout comme Georges Rouquier.

Le frère du Marquis de Baroncelli, Jacques, est né lui, à Bouillargues dans le Gard. Il a réalisé « La Femme et le Pantin » (1929), « L'Arlésienne » (1932) et « Le roi de Camargue » (1934), « Gitanes » (1932).

Enfin, Denys Colomb de Daunant du Mas Cacharel, près des Saintes, auteur de moyens métrages, a participé au tournage du célèbre « Crin Blanc » tandis qu'Alain Emery, le héros du film, habite encore Arles...

Evelyne Duret ajoute : « N'oublions pas non plus le Marquis qui louait régulièrement ses taureaux et ses chevaux aux réalisateurs et qui, surtout, par ses relations avec le milieu intellectuel parisien, a fait connaître la Camargue au monde du cinéma... ».

« Glamador » réalisé par Denys Colomb de Daunant en 1955 avec Crin Blanc et Alain Emery.

St-Gilles, route de l'histoire

Entre Nîmes et Arles, à deux pas des Cévennes et de la Méditerranée, Saint-Gilles est une petite ville qui renferme des trésors architecturaux.

La légende de l'ermite à la biche

Vers le VIIIe siècle, Saint-Egide, qui vit en Grèce, est touché par la grâce et distribue toutes ses richesses aux pauvres. Il s'embarque sur une nef et arrive en Provence. Il y vit solitaire dans une grotte. Un jour, une biche qui lui apportait un peu de nourriture, se réfugie chez l'ermite poursuivie par le fils du roi Wisigoth Wambo. L'ermite arrête d'un seul geste la flèche qui allait frapper l'animal à mort. Le roi Wisigoth, pour honorer l'auteur du miracle, décide de fonder une abbaye en cet endroit. Saint-Gilles va à Rome faire reconnaître la fondation. Le pape lui fait don de deux portes sculptées que l'ermite jette dans le Tibre : elles flottent jusqu'à la mer, remontent le petit Rhône et arrivent à la grotte en même temps que lui. Saint-Gilles fut enterré dans l'église qu'il avait construite et devint l'objet d'un culte. L'abbaye et la petite ville qui l'entoure,bénéficièrent longtemps de la protection des pages des rois de France et des Comtes de Toulouse qui enrichirent le monastère bénédictin. Il atteint son apogée au XIIe siècle. La ville a neuf paroisses, le port reçoit des marchandises de tout l'orient, de nombreux pèlerins s'y embarquent pour la Terre Sainte.

Une excommunication

Le Comte de Toulouse, Raimond VI, est sommé par le Pape Innocent III d'entrer en lutte contre les Albigeois. C'est à Saint-Gilles, la dernière ville de son Comté, qu'il reçoit les exigences du Saint-Siège. En sortant de l'abbaye, le représentant du Pape, Pierre de Castelnau, est assassiné par un écuyer du comte. Aussitôt, le pape excommunie Raimond VI et fait prêcher la croisade.

L'excommunié se soumet et le 12 juin 1209, il se présente nu devant le grand portail de l'église St-Gilles et jure obéissance au Pape. On lui fait faire pénitence devant le tombeau de Castelnau, on le flagelle, et il est enfin libéré et absous. Mais sa soumission durera peu de temps : il entamera une lutte sans merci contre les croisés de Simon de Montfort et sera écrasé à la bataille de Muret en 1213.

L'Eglise Saint-Gilles

Magnifique monument médiéval, il ne reste qu'une façade aussi célèbre cependant que celle de St-Trophine d'Arles. Cette façade date du XIIe siècle. Sa partie supérieure a été démolie lors de l'abaissement de l'église au XVIIe siècle. Ses trois portails forment un magnifique ensemble sculpté occupant toute la largeur de l'église. L'influence de l'antiquité gallo-romaine apparaît dans sa décoration.

En haut : la Maison Romane
En bas : l'Abbatiale de St-Gilles

A.P.

Autour de St-Gilles.

Ancien chœur

Extérieur à l'église actuelle, il évoque la partie qui fut détruite au XVIIe siècle. Sur les côtés du déambulatoire, deux petits clochers étaient desservis par des escaliers tournants, dont celui de gauche, « la vis de St-Gilles » subsiste.

La vis de St-Gilles

Elle a toujours été célèbre parmi les compagnons tailleurs de pierre qui, dans leur tour de France, ne manquaient pas de venir l'étudier. Vous pouvez monter au sommet pour découvrir la rare qualité de la taille et de l'assemblage des pierres.

La crypte

C'est une église basse qui fut, avec Jérusalem, Naples, Rome et Saint-Jacques de Compostelle, l'un des quatre grands pèlerinages de la chrétienté. Il ne faut surtout pas manquer de la visiter. Vous y rencontrerez sans doute Mademoiselle Hermet qui se fera un plaisir de vous conter « je l'aime cette crypte, je l'adore, c'est ma vie. J'ai vu, ici, toutes les races, des gens du monde entier, un gangster, la reine d'Angleterre, celle de Hollande, un S.S., un ermite, des protestants, des amoureux, et j'ai assisté à une guérison, un miracle. Cette crypte elle a été ma vie pendant plus de 25 ans. Les touristes sont mes meilleurs amis... ».

Voir aussi :

Le Cellier des Moines (visible seulement à l'occasion de conférences). Il présente trois travées carrées du XIe siècle sur arcs ogivaux et doubleaux.

La Maison Romane

Elle serait, dit-on, la maison natale du pape Clément IV, au XIIe siècle. Elle renferme, au rez-de-chaussée, un petit musée lapidaire où se trouvent rassemblés les vestiges de l'ancienne abbatiale : chapiteaux, clefs de voûte, bas-relief du XIIe siècle (où se reconnaissent les apôtres) sarcophage du IIe siècle en marbre blanc. Le 1er étage est réservé à la faune locale.

Du 2e étage, qui a gardé une cheminée à hotte conique, on jouit d'une vue imprenable. Une salle dite du « vieux St-Gilles » présente des outils et objets des anciens métiers : le berger, la tonnellerie, la vie des champs, la vigne, l'olivier, la vie domestique...

Le Chemin de Saint-Gilles par la voie regordane

« L'itinéraire du Puy-en-Velay à Saint-Gilles du Gard se présente comme un raccordement de chemins d'origines très diverses réunis pour constituer un itinéraire qui amenait les pèlerins d'Orléans à St-Gilles. En effet, le Traité de Verdun fait de St-Gilles le port le plus oriental du royaume, l'un des meilleurs pour s'embarquer vers la Terre Sainte, et du Chemin de Régordane l'itinéraire le plus direct. Mais, la Croisade contre les Albigeois et la fondation d'Aigues-Mortes provoquent le recul du pèlerinage de Saint-Gilles, le déclin de son port et la Guerre de Cent Ans accélèrent la ruine de la route.

Ensuite, le Chemin de Régordane ne retrouvera plus son activité d'antan car l'abandon des ports du Languedoc, l'annexion de Marseille, les foires de Lyon privilégient le passage par la vallée du Rhône.

La légende contre les voyages de St-Gilles et de Guillaume d'Orange l'histoire de Robert Le Pieux, de Saint-Louis au retour de la Septième Croisade, de Philippe III et de Philippe le Bel parmi les récits antérieurs au XIVe siècle. Ensuite, vient la « Visitation du Chemin appelé Régordane » En 1668, sur requête de l'Intendant du Languedoc, Louis de Froidour reconnaîtra l'itinéraire. D'importants travaux suivront pour former le tracé de la route d'aujourd'hui qui suit en parallèle la ligne de chemin de fer du « Cevenol ».

Il reste de nombreux monuments témoins de ce passé où à côté d'églises et châteaux prestigieux, des ensembles de constructions rurales et urbaines souvent très typiques gardent à ce parcours son authenticité.

Le Moyen-Age est partout présent, la préhistoire et l'antiquité sont aussi très riches, faisant de Nîmes la Rome française. Malgré la violence des guerres de religions qui agitèrent les Cévennes jusqu'à la fin du XVIIe siècle, la Renaissance et le Classicisme ont laissé des monuments importants et souvent savoureux. Enfin, il faut signaler un très intéressant « patrimoine industriel ».

Mais en plus de cette richesse architecturale, la valeur de cette route est renforcée par la variété des paysages : après avoir traversé le Sud du Velay, la route serpente de Pradelles à la Bastide entre le plateau du Gévaudan et le Haut Vivarais. Puis, à partir de la Garde Guérin, elle dévale les pentes des Cévennes jusqu'à Alès. La vigne et la garrigue se partagent alors le terrain jusqu'à Nîmes, territoire du soleil et de la sécheresse, puis, très vite, à sa sortie, c'est la Petite Camargue. Ses immenses horizons plats avec les étangs, les taureaux noirs et les chevaux gris, d'où se détachent Saint-Gilles et Aigues-Mortes, se terminant sur la mer ».

(Texte tiré de « Le Chemin de Régordane », de Marcel Girault, édition Lacour, Nîmes, 1986).

VAUVERT

Vauvert résulte de la fusion, à la fin du XIVe siècle, de deux cités voisines. Posquières (importante baronnie médiévale dotée d'un des principaux châteaux forts du Bas-Languedoc et d'une très célèbre communauté juive), et le Sanctuaire de Notre Dame de la Vallée Verte (lieu de pèlerinage pendant tout le Moyen-Age et jusqu'à la Réforme). Des papes, des rois, les Croisés de Saint-Louis s'agenouillèrent sur le parvis du sanctuaire, et plus tard, en 1712, le Marquis de Montcalm y fut baptisé.

On trouve à Vauvert de nombreux vestiges paléolithiques et néolithiques. Tous les monuments médiévaux et de la Renaissance ont, hélas, été détruits, principalement pendant les guerres religieuses au XVIe et XVIIe siècle (Synagogue juive, temple réformé, sanctuaire catholique...).

Sur les coteaux de la moitié nord de la commune se trouve le vignoble qui produit les vins renommés des Costières. « La route des vins » des Costières du Gard est d'ailleurs une agréable promenade à envisager...

La fête de Vauvert

Elle se déroule généralement du 8 au 16 août. Tous les jours de la fête, c'est « l'abrivado » à 12 h, tandis que la « Bandido » a lieu après la course de l'après-midi. Les taureaux regagnent les

prés en chars après avoir traversé la ville « à pied » en compagnie des gardians. Vous assisterez à des concours de vaches cocardières, des courses de taureaux, le jour comme la nuit, et au « Toro de Fuego » pour clôturer la fête (embrasement des arènes).

Autour des arènes et sur la place des Halles, on danse sans répit jusqu'à l'aube... Au petit jour, on « déjeune aux prés » puis, entassés dans de vieilles guimbardes colorées, on rentre derrière les taureaux...

Outre ces manifestations taurines, d'autres spectacles vous sont proposés : gala lyrique organisé par les « Amis du Bel Canto », spectacles du centre « Gourdon » et expositions de peintures.

VERGEZE

Aux confins de la Vaunage, de la Vistrenque et de la plaine littorale, la cité de Vergèze est géographiquement privilégiée. Où et quand est née Vergèze ? Aucun document ne le dit.

Vergèze, d'après certains, tirerait son nom de Verges — origine qui paraît douteuse — ou de Vergo (incliné) puisqu'elle est située sur le versant d'une colline. On retrouve à la Liquière (près de Calvisson) de nombreux vestiges néolithiques datant de plus de 5000 ans avant J.C. Mais rien ne permet d'affirmer que Vergèze existait déjà à cette époque !

Perrier, c'est fou !

Mais oui, c'est à Vergèze, au milieu des vignes, que jaillit la plus populaire de nos eaux ! Comment expliquer que la source la plus follement gazeuse jaillisse en plaine ? En fait, l'eau vient des hauteurs de la garrigue et son gaz est une manifestation du volcanisme du sud de cette région. L'eau et le gaz se mêlent à la verticale de Vergèze et, profitant d'une faille dans les calcaires et l'argile, viennent bouillonner à la surface. Cette source (« Bouillens ») est déjà connue des Romains qui viennent s'y désaltérer au cours de leurs voyages de Rome en Espagne.

A la fin du XIXe, un médecin nîmois, le Docteur Perrier, l'étudie passionnément et communique son enthousiasme à un jeune anglais, Sr John Harmsworth. Dès cet instant, celui-ci va vouer son existence au développement de la source qui porte désormais le nom de « Perrier ». C'est également Sir John Harmsworth qui imagine la célèbre forme de la bouteille à partir de... celles de ses massues de gymnastique ! Et fait construire la première usine d'embouteillage.

L'Anglais destine l'eau Perrier à ses compatriotes et, notamment aux officiers de la reine car là-bas l'eau est trop rare, trop saumâtre, trop polluée pour se marier avec le whisky...

Pendant près de 50 ans, la Compagnie des Sources Perrier reste anglaise et semble plus connue partout ailleurs qu'à Paris. Toutefois, dans les années 30, les Français commencent à apprécier le « champagne des eaux de table ».

Vauvert

A St-Laurent-d'Aigouze

A.P.

Au lendemain de la seconde guerre mondiale, un groupe français prend le contrôle de la Source Perrier. En 1950, une nouvelle usine est construite et, en 1978, un ensemble industriel unique au monde intègre la fabrication des bouteilles, l'embouteillage et le conditionnement...

Aujourd'hui, l'eau Perrier redevenue française à 100 % envahit les pubs de Londres, les Weinstub de Hambourg, les bars de Tokyo, les restaurants de Los Angeles... Fou, fou, fou, c'est fou !

Les établissements Perrier propose aux touristes une visite commentée de cinquante minutes environ.

La maison carrée.

Nîmes, la Rome française

Située au pied des collines calcaires des Garrigues, Nîmes, accueillante, animée, rayonne autour de ses arènes, se distingue par son élégance et son authenticité. Nîmes, la « Rome française », est, avant tout, une ville d'art. Les monuments antiques : jardin de la Fontaine, arènes, temple de Diane... sont le cadre de mille spectacles contemporains.

Le crocodile enchaîné

Les armoiries de la ville sont composées d'un crocodile enchaîné, symbole de la conquête de l'Egypte et de son Nil par des légionnaires devenus citoyens de Nîmes. Pourquoi ? La ville naît autour d'une source dont le génie est vénéré sous le nom de Nemausus, d'où vient Nîmes. C'est la capitale d'une tribu gauloise qui passe sous la domination romaine. Octave, devenu l'empereur Auguste, accorde à ses vétérans, après sa victoire en Egypte sur Antoine et Cléopâtre, des terres autour de Nemausus. C'est à cette époque, bien sûr, que la ville se couvre de splendides monuments protégés par une enceinte (Ier siècle avant J.C.). Au IIe siècle de notre ère, sous les règnes d'Hadrien et d'Antonin le Pieux, Nîmes atteint son apogée.

Les Arènes

C'est ici que se déroulaient les combats de gladiateurs et ceux contre les bêtes féroces. L'amphithéâtre de Nîmes est un des mieux conservés. Il mesure 133 m sur 101 m. 24 000 spectateurs pouvaient y prendre place, répartis sur 24 rangs de gradins, suivant les classes sociales. Au Ve siècle, les Wisigoths le transformèrent en forteresse et creusèrent autour un fossé de défense. Au Moyen-Age, il devint le refuge des pauvres qui construisirent, à l'intérieur, des logements et une petite chapelle. Ce n'est qu'au siècle dernier qu'il fut restauré et rendu à ses fonctions premières. Ainsi, désormais, est-il le cœur du spectacle nîmois : corridas et festivals de musique (opéra et jazz) se succèdent dans l'arène.

La Maison Carrée

C'est le temple romain dont Napoléon s'inspira pour la construction de la Madeleine à Paris. Construit sous le règne d'Auguste, au Ier siècle avant J.C., ce temple est, lui aussi, resté intact. Il fut, entre autre, mairie de Nîmes et église des moines Augustins. Ce temple n'est pas vraiment carré, mais on l'appelle « Maison Carrée » à partir du XVIe siècle. Colbert voulait le démonter et le reconstruire selon le modèle de Versaille ! Il ne subit heureusement pas ce sort...

La Tour Magne

La « Turis Magna » faisait partie des murs d'enceinte de la ville. Construite à la fin du Ier siècle avant J.C., elle possède une base octogonale : la partie inférieure est ouverte par des niches profondes, ensuite nous trouvons un étage sans décoration et, enfin, une zone supérieure à piliers, d'ordre Toscan. La tour, qui mesure aujourd'hui 30 m de hauteur a sans doute perdu une dizaine de mètres au cours des siècles. Mais quelle était sa fonction d'origine ? Une tour de garde ? Un trophée ? Une tombe ? Nul ne le sait. Tout ce que l'on peut sérieusement affirmer c'est qu'elle ressemble au phare d'Alexandrie construit en 280 avant J.C. En 1601, un jardinier du nom de François Traucat se mit en tête qu'un trésor était enfoui sous les murs de la Tour Magne. Des fouilles furent alors entreprises. On ne trouva pas trace du trésor, bien sûr, mais cependant on découvrit autre chose : les murs d'époque romaine étaient construits sur une tour gauloise en pierre sèche !

Le Temple de Diane

On ne sait rien de précis sur l'origine de ce monument. Edifié sous Auguste, était-il un temple ou une maison de grand luxe ? Il ne reste guère que l'entrée principale donnant sur la « cella ». Cette « cella » contient quelques vestiges : fragments de colonnes, chapiteaux etc.

Le Jardin de la Fontaine

Ce magnifique jardin, situé sur les premières pentes du mont Cavalier, fut créé au milieu du XVIIIe siècle à l'image de ce qu'il était à l'époque gallo-romaine. En effet, dans le sous-sol des environs de la source, on a retrouvé des constructions antiques, datant de l'an XXV avant notre ère, sous l'empereur Auguste. Le bassin de la source a été reconstitué tel qu'il était à l'origine. A l'époque romaine, les eaux de la fontaine servaient à l'alimentation et à l'hygiène de la ville. De nombreux égouts ou aqueducs sillonnaient la cité et ont servi jusqu'à la moitié du XVIIe siècle. De tous temps, les eaux de la fontaine furent utilisées par l'industrie, soit pour actionner de nombreux moulins, soit pour le lavage des matières premières employées pour la bonneterie, jadis très prospère à Nîmes. Utilisé comme lavoir, on venait y tremper les laines, cotons et soies encore fumants au sortir des chaudières.

Le Jardin de la Fontaine, se termine, au nord, par une grande terrasse d'où l'on surplombe tout l'ensemble : source, nymphée, bassins, canaux, parterres et la belle perspective du cours Jean-Jaurès.

Deux vues sur le jardin de la fontaine.

La tour Magne.

Préparation d'un défilé de mode dans les arènes.

Modernité et tradition

Nîmes sait harmonieusement allier modernité et tradition. La ville intègre parfaitement à son architecture romaine prestigieuse des constructions nouvelles.

Jean-Michel Wilemotte vient d'achever l'Opéra, Jean Nouvel un programme d'H.L.M. Le musée d'art contemporain connaît une impulsion fabuleuse grâce à son conservateur Bob Kalle. Tradition architecturale, tradition tauromachique aussi. La « corrida » s'incarne, entre autres, dans 3 figures locales.

Simon Casas, qui a mis fin à sa carrière de torero en 1975, n'a pas oublié la tauromachie : directeur des arènes de Nîmes, il préside également celles de Puerto de Santa Maria. Il rêve même d'exporter cet art aux Etats-Unis et au Japon ! « J'ai consacré ma vie à la corrida, c'est un spectacle qui joue avec le soleil » dit-il volontiers.

Jean Lafont, l'autre directeur de l'arène (il prépare le montage d'opéras célèbres) est avant tout manadier. Au Cailar, il organise les courses d'été de ses 50 taureaux cocardiers.

Marie-Sarah, enfin, est une des seules « matadora » : elle pratique la tauromachie à cheval. « J'ai découvert la corrida, et, prise de passion, je suis venue à Nîmes pour toréer.

Je monte à cheval et je dresse des chevaux. Le taureau est mon partenaire, je le respecte. Le plus important ? L'envie de jouer sa vie avec générosité ». La tauromachie est au cœur de la feria. En 1983 la feria double le nombre de ses corridas et même la presse spécialisée espagnole couvre l'événement. Les grandes stars de la profession sont au rendez-vous : Ojeda, la Capéa, Mendes, Manazaneres, Nimeno II, Joselito...

17 heures : les arènes se remplissent tandis que dans la petite chapelle, les toreros, en habits de lumière, se recueillent avant de rentrer en piste. Bientôt, on entendra les premiers « ole » des « aficionados » qui, parfois, entonnent même le vieil hymne provençal de la « Coupo Santo ».

La « Rome française » retrouve alors son essence, atteint son paroxysme et vibre sous le soleil du midi.

Si vous voulez en savoir plus sur la tauromachie, contactez le Cercle Nîmois d'Etudes Hispaniques ou l'Union Taurine Nîmoise. Lisez également « Toros » la revue des aficionados (22, rue Delon-Soubeyran - Nîmes).

LA FERIA

Depuis quelques années, la Feria de Nîmes redevient à la mode. Rien d'étonnant: l'Espagne (et « l'Espagnolade ») est au goût du jour. Nîmes, pendant la feria vit au rythme de la corrida et, par conséquent, de l'Espagne. Les Parisiens qui ne « tentent pas Séville » débarquent par charters entiers pour y assister. A Nîmes, le jour de la Pentecôte, on sent déjà l'été.

Ceux qui sont venus ici n'oublieront jamais l'ambiance des bodegas, petits cafés ouverts pour l'occasion, où l'on boit son « Jerez », son muscat ou son pastis. Dans les ruelles, autour de la Maison Carrée et des arènes, la foule défile, les fanfares aussi. Place de la Calade, on danse le rock et dans les « casetas », boulevard Jean-Jaurès, la « Sévillane ».

Près de la placette, dans le bar « le Gitan », « Joseph le Sourd » gratte sa guitare et une vieille dame se souvient du flamenco...

Sur le Victor Hugo, au « Napoléon », au « Lyon », ou à la grande ou la petite Bourse, Montpelliérains, Avignonais, Marseillais et Parisiens se mélangent.

Des arrêtés préfectoraux obligent les cafetiers à fermer boutique à une heure du matin. Mais la fête se poursuit jusqu'à l'aube, clandestinement, chez des particuliers, ou dans les villages alentour.

La feria est devenue la plus importante fête en France. Outre les corridas, les manifestations culturelles et folkloriques sont de plus en plus présentes : cirques, théâtres, expositions, spectacles de rues, concerts de jazz, lâchés de taureaux...

Origine de la feria

La première feria est née spontanément en 1952 lors des deux corridas du dimanche et du lundi de la Pentecôte. A l'affiche, cette année-là : Dominguin, Ordonez, Aparicio. Une exposition de peintures exceptionnelle — Picasso, Doré, Goya — est présentée en cette occasion. La fête s'amorce et la municipalité offre un scoop : les vannes du cygne qui sert de fontaine devant la mairie s'ouvrent, à certaines heures. Il en jaillit... du vin ! La feria est baptisée !

1961 : on remarque certaines personnalités sur les gradins de l'arène : Hemingway, Picasso, Clouzot, Eddie Constantine, Bernard Buffet, Ava Gardner. L'engouement pour la feria s'affirme. La feria ! A la fois touristique, culturelle, ludique, est un rendez-vous à ne pas manquer. Le rendez-vous du soleil, de l'excès, de la folie, un rendez-vous authentique, unique et coloré.

Levi Strauss : entrez dans la légende !

Au XIXe siècle, on fabrique, à Nîmes, une toile particulièrement solide : la serge de Nîmes.

Cette toile sert à confectionner les bâches des chariots et les voiles de certains bateaux. Les armateurs, italiens surtout, exigent la serge, seule toile résistant au vent. C'est à cette époque qu'on découvre, en Amérique, dans la vallée du Sacramento, de l'or. Les chercheurs, évidemment, se remplissent les poches... Poches qui, systématiquement maltraitées, se déforment et se trouent rapidement... Dans ces années-là, un tailleur bavarois, monsieur Levi, s'installe (c'est en 1848) à San Francisco. Il décide de fabriquer des pantalons « spécial chercheurs d'or » en serge de Nîmes. (Il en possède, par hasard, dans son stock de tissus). Pour consolider les poches, il les déplace, les coud sur le devant, les fixe à chaque coin avec des rivets de cuivre.

Et voilà le « Denim » (abréviation de serge de Nîmes) est né. Très vite, il fait fureur en Californie ! Plus tard, il s'appelle « Jeans », déformation phonétique de « Gênes », port où il est connu par tous les navigateurs.

Telle est la célèbre légende du « Jeans Levi's ».

Les arènes A.P.

Le musée d'archéologie

Installé dans l'ancien collège des Jésuites, ce musée présente au rez-de-chaussée des sculptures intéressantes : bustes de guerriers gaulois, stèles, frises. Une salle, au premier étage, est consacrée à la vie quotidienne à l'époque gallo-romaine. Une autre salle expose des verreries romaines et une collection de poteries grecques du VIIIe au IVe siècle avant J.C. La dernière salle abrite l'ancien médailler de la Maison Carrée avec ses monnaies grecques, romaines...

Museum d'histoire naturelle

Au premier étage de l'ancien collège des Jésuites. Il comprend une section d'ethnographie avec des masques et parures en provenance d'Afrique, d'Asie etc. Dans la section d'histoire naturelle, des collections régionales sont présentées : préhistoire...

Musée du vieux Nîmes

Il est situé dans l'ancien palais épiscopal. Il fait office de véritable mémoire régionale. Dans le vestibule, des dessins et maquettes du sculpteur J. Pradier sont présentées. Dans les autres salles, vous remarquerez les très beaux meubles des XVIIe et XVIIIe siècles. L'importante histoire industrielle de la ville est également représentée : collection de châles en laine, gilets brodés du XVIIIe, métier à tisser les bas et dévidoirs à pédales pour la soie. Deux salles, enfin, sont consacrées à la tauromachie.

Musée des beaux-arts

Une vaste mosaïque antique représentant la demande en mariage d'Admète occupe le centre de la grande salle. Autour, des peintures du XVIIe et du XVIIIe siècle. Une salle est réservée aux contemporains. Notons les expositions temporaires, toujours excellentes.
Au 1er étage, vous trouverez des tableaux des écoles allemande, espagnole, flamande, française, hollandaise, italienne du XVIe au XIXe siècle.

A voir également :

Castellum - Maison natale d'Alphonse Daudet - Porte d'Auguste - Fontaine Pradier (Juliette Drouet fut le modèle de la statue) - La cathédrale Notre Dame - Saint-Castor.

Aigues-Mortes, cité de St-Louis

Un « no man's land » entoure les remparts, curieusement intacts, de la cité de Saint-Louis. On croirait volontiers, vu de l'extérieur, que derrière ces murs séculaires, la vie s'est figée depuis le Moyen-Age. Il n'en est rien : quelle surprise et quel plaisir de se balader dans les rues rectilignes de la ville, d'admirer, au passage, les fenêtres généreusement fleuries !

Pourquoi la cité de Saint-Louis ?

Lorsque Saint-Louis décida de partir en croisade pour la première fois, il ne possédait aucun port sur la Méditerranée : Marseille appartenait à l'Empire, Montpellier aux Comtes de Toulouse. Il choisit donc Aigues-Mortes, la petite cité des moines de Psalmody.

Un « coin malsain » paraît-il, au milieu des marais et des pins. Saint-Louis aménagea un port, et, en 1246, il édicte une charte de franchise accordant à tous les nouveaux résidents la protection royale et l'exemption de tout impôt. C'est alors que les maisons distribuées en îles, s'érigent rapidement autour de l'église. Les remparts ne sont construits que plus tard sous le règne du fils de Saint-Louis, Philippe le Hardi.

Départ en Croisade :

Le chenal « le Grau Louis » menant à la mer permit au commerce de se développer. Le trafic était même intense : les Galées apportaient du poivre, des épices, de la soie venant de Gênes ; l'Espagne des cordes, filets, poteries, meules de moulins ; le Liban, du sucre et de la confiture...

C'est par « le Grau Louis » que le Roi de France et son épouse Marguerite de Provence prirent la mer à destination de Chypre, en 1248, première étape sur la route des croisades.

Chaque membre de l'équipage était muni, pour son « confort personnel », d'un long coffre qui sert à la fois de malle, de couchette et, en cas de décès, de cercueil !

Le règlement exigeait également que chacun possède un tonneau d'eau douce, une lanterne et... un pot de chambre.

En 1270, Saint-Louis partit à nouveau d'Aigues-Mortes pour Tunis. Là-bas, il mourut peu après, de la peste.

J.M.R.

La Tour des Bourguignons

Pendant la guerre de cent ans, les Bourguignons s'emparent d'Aigues-Mortes par surprise... Ils sont surpris, à leur tour, par les Armagnacs et passés au fil de l'épée. C'est l'hécatombe ! Les morts ne se comptent plus. En attendant de les enterrer, on les jette dans une tour appelée, depuis, « tour des Bourguignons ». Et pour éviter la pourriture, on sale les cadavres. Vous comprenez maintenant d'où vient l'expression « Bourguignons salés » !

La Tour de Constance

Jusqu'au milieu du 14e siècle, Aigues-Mortes reste prospère. Mais, bientôt, la mer s'éloigne, les chenaux s'ensablent, la ville s'appauvrit. Elle devient l'enjeu de luttes entre calvinistes et catholiques. « Résistez » gravent dans la pierre les femmes prisonnières dans la Tour de Constance. Parmi elles, il y avait Marie Durand, fidèle défenseur de la foi protestante. Elle resta enfermée dans la tour pendant 38 ans. En 1708, le Gouverneur du Languedoc, ému par la tendresse de Marie et par sa force de caractère, la fit relâcher avec une dizaine de ses coreligionnaires.

Une autre célébrité : Abraham Mazel, héros d'une évasion fameuse. Durant 10 mois, il agrandit, jour après jour, l'ouverture d'une meurtrière. Pendant ce temps, ses compagnons, inlassablement, chantaient à tue-tête pour couvrir le bruit. Seize Camisards réussirent à s'enfuir...

A.P.

Pourquoi la Tour de Constance ?

Constance était la sœur de Louis VII, roi de France. Elle épousa un Comte de Toulouse, 100 ans avant le fondateur d'Aigues-Mortes. Pour célébrer l'alliance du Languedoc et du Royaume de France, on donna son nom à la Tour du Roi. Destinée à protéger le port, elle fut donc, successivement forteresse, résidence royale, phare et prison d'état.

Vous pouvez monter jusqu'au sommet de la tourelle de guet. La vue est surprenante !

La Tour Carbonnière

Cette tour, à 3 km au nord, barrait l'unique route qui permettait d'accéder à la ville. Au 13e siècle, bras d'eau et marais forment une zone difficilement franchissable. Vous pouvez y pénétrer librement et monter sur la terrasse. Vous apercevrez, de là, les remparts et les marais.

Les remparts

Vous remarquerez l'homogénéité de l'enceinte : elle a été construite d'un seul jet. Les remparts n'avaient que deux portes au nord ; au sud, pour desservir les quais d'embarquement existaient 5 poternes (ou portes) : porte de l'Organeau, des Moulins, des Galions, de la Marine, la Tour de la Poudrière et celle de la Mèche. Pour visiter les remparts, adressez-vous au bureau du gardien.

A voir également :

— la maison des douanes, — la chapelle des pénitents gris, — la chapelle des pénitents blancs, — l'église Notre Dame des Sablons, — la place Saint-Louis et la statue de Pradier (1849), — les Salins du Midi (pour les visites s'adresser à l'Office du Tourisme), — le château de Teillan à 13 km au nord, — le cloître des capucins (actuellement Office du Tourisme), — la caisse nationale des monuments historiques.

O.T.G.R.

Autour d'Aigues-Mortes.

La route du sel (fin juin/début juillet)

Chaque année, les participants venus des quatre coins de France sont de plus en plus nombreux et enthousiastes. Cavaliers et randonneurs pédestres découvrent l'histoire et la culture de la Camargue à travers les chemins muletiers. Ce sont ces mêmes chemins qui servaient à charrier le sel entre la Méditerranée et les Hautes-Terres du Rouergue.

La fête de Saint-Louis : (23 et 24 août)

Ce jour-là, on assiste à un défilé historique placé sous la protection de Saint-Louis. Il est clôturé par un concert de musique du 18e siècle en l'église « Notre Dame des Sables ».

La fête d'Aigues-Mortes : (2e semaine d'octobre)

C'est une fête traditionnelle qui annonce la fin de la récolte du sel et des vendanges.

Il faut assister aux courses dans les arènes, formées par les célèbres « Théâtres » (gradins faits par chaque famille pour pouvoir assister sans trop de risques aux courses).

Pendant une semaine,qui parfois se prolonge, la ville vit au rythme des « penas ». Partout, sur la place Saint-Louis, la place Anatole France, on danse tous les soirs.

Le festival d'Art Dramatique (fin juillet, début août)

Ce festival a été créé en 1964 par Guy Vassal. Les représentations ont lieu, en plein air, dans la cour d'honneur des remparts, par la troupe du Théâtre Populaire des Cévennes (T.P.C.). Des rencontres-débats ont lieu à la Tour de Constance après chaque représentation.

LE GRAU-DU-ROI

Sur une langue de sable, lentement émergée, qui faisait communiquer la mer avec l'étang du Repausset (Grau signifie passage) est né le village du Grau-du-Roi bâti par des pêcheurs d'Aigues-Mortes, la ville mère. Ceux-ci dispersèrent, çà et là, quelques cabanes... En 1879, le Grau-du-Roi se détache d'Aigues-Mortes et devient une commune à part entière. Entre temps, le phare de l'Espiguette a été construit et inauguré.

Depuis, les maisons ont largement débordé le vieux bourg. Pourtant, le petit port de pêche a su rester fidèle à son image. Tôt le matin, sur le port, vous aimerez assister au retour des chalutiers et, le soir, à l'heure du pastis, vous vous mêlerez avec délice à la population locale. Le Grau-du-Roi a tout prévu pour les vacances à la fois touristiques et culturelles.

Joutes du Grau-du-Roi

PORT-CAMARGUE

Port-Camargue, au sud du Grau-du-Roi, constitue un compromis idéal entre le petit port de pêche du Grau et la côte sauvage qui s'étend de la pointe de l'Espiguette aux Saintes-Maries-de-la-Mer. Il participe du même projet d'urbanisme, résolument contemporain, que la Grande-Motte, mais son habitat est différent : aux pyramides de la Grande-Motte s'opposent, en effet, les « marinas » de Port-Camargue, construites au milieu de l'eau et disposant, toutes, d'un quai d'amarrage privé. Elles sont le « must » du loisir d'aujourd'hui : voiture, maison, bateau... Que rêver d'autre ?...

Port-Camargue est, avant tout, un port de plaisance, le plus important de tout le littoral européen.

L'ESPIGUETTE : voyage au bout du désert

Port-Camargue. Direction l'Espiguette. On suit les étangs. Entre deux campings, des ranchs se succèdent... une odeur de marécage et de crotin flotte. La Camargue sème déjà, çà et là, ses premiers signes.

Soudain, la route s'élargit en un immense parking. Pour accéder à la plage des « Barronets », il faut s'acquitter du droit de péage : 10 F par véhicule — il y en a des centaines... —. Même au pays des manades, business is business !

Sur plusieurs kilomètres de pistes cahoteuses, poussiéreuses, la caravane de voitures s'ébranle...

On freine derrière la ligne floue des dunes où poussent tamaris, cahiles, joncs et chardons. Le spectacle est surprenant, grandiose, inoubliable : une étendue de sable à perte de vue, un désert caniculaire.

L'Espiguette est une plage « parallèle », un lieu mythique connu de tous les naturistes, paraît-il. Chaque groupe possède son territoire, son langage, ses habitudes. Et, dans certains coins, on se défoule sous l'œil impassible des pêcheurs de tellines.

Vers 20 heures, petit à petit, les gens quittent la plage pour la halte — apéro dans une de ces baraques en bois qui affichent leur devise : « Ici, on mange et on boit frais ». Et on y trouve véritablement de tout : bières, sandwichs, parasols, ambre solaire, cartes postales, « souvenirs ». La Samaritaine en Camargue !

Naturisme dans les dunes des plages de l'Espiguette
Animation de plage au Grau-du-Roi

O.T.G.R.

Le port et l'église de la Grande-Motte A.P.

Par contre, pas question de soulager sur place ses envies : les toilettes n'existent pas, l'eau courante non plus. Reste l'intimité des dunes...

Lorsque la nuit tombe, on aperçoit, au loin, les feux de joie de quelques « écolos noctambules ». Le parking est déserté. Seules, deux ou trois voitures « tournent » à la recherche d'une aventure. Il est temps de rejoindre les « vraies » stations balnéaires si proches.

Fêtes au Grau-du-Roi et à Port-Camargue

— Salon de la mer « équinoxe » du 30 septembre au 3 octobre.
— Fêtes de la mer et des pêcheurs du 16 au 19 juin.
— Fêtes vénitiennes à Port-Camargue du 23 au 24 juillet.
— Toute l'année, joutes traditionnelles dans le port.

LA GRANDE-MOTTE

La Grande-Motte est connue pour ses constructions pyramidales qui intriguent tous les visiteurs. Jean Baladur, l'architecte, s'explique : « J'ai essayé, par l'utilisation d'éléments pré-fabriqués en béton, c'est-à-dire avec des techniques de réalisation modernes, de trouver un peu les mêmes phénomènes d'espaces que ceux que l'on trouve dans les palais vénitiens ou dans les réalisations pisanes. Et il ne faut pas oublier que la loggia est, dans les pays méditerranéens, une des formes les plus simples qui existent pour protéger les façades exposées au soleil d'un échauffement intensif ».

Un autre charme de la Grande-Motte est peut-être l'incroyable développement des pins, lauriers-roses et autres végétaux typiquement méditerranéens qui bordent la voie primaire. Le centre de la station est planté de pins parasols qui rétablissent un équilibre entre le minéral (béton) et le végétal. Outre les espaces verts, la Grande-Motte est bordée de deux grands parcs. Trois pôles se partagent la station : le port, l'étang du ponant, le point zéro.

Ici, du farniente aux sports nautiques, en passant par le golf et l'équitation, tout est possible. Vous aimerez prendre un verre sur les quais du port et passer des nuits blanches à danser jusqu'à l'aube dans les nombreuses boîtes de la côte...

A voir :

Les plages de Palavas et de Carnon. La cathédrale de Maguelonne. Pérols. Lattes.

A.P.

MAUGUIO

Les anciens bras du Rhône arrivaient jusqu'à Mauguio. C'est pourquoi on peut considérer ce village comme la porte « antique » de la Camargue.

Place forte importante, Mauguio (« Melgueil » à l'époque féodale) fut longtemps sous la domination des Comtes de Melgueil.

Aujourd'hui Mauguio vit blotti autour du vieux Melgueil. Visitez ses ruelles sinueuses et ses monuments à la mémoire des 4 papes : Alexandre III, Sixte II, Gelase II, Urbain II.

LUNEL :

Au bord du Vidourle, entre Montpellier, capitale du Languedoc-Roussillon et Nîmes « la Rome française », Lunel semble une cité discrète, secrète, qui s'ouvre largement sur la Camargue, une cité de tradition où, là encore, le taureau est roi.

Franchissez la « vieille porte » et flânez par les vieilles rues, et les « caladons » (places bordées d'arcades et pavées de galets). Il suffit alors de lever la tête, d'ouvrir grand les yeux pour, à chaque pas, être émerveillés.

Les pêcheurs de lune

Certains attribuent à Lunel une origine celtique, tirée de son nom qui, en langage celte, signifierait « habitat près de la mer ». D'autres affirment que Lunel a été fondée par les Juifs en exil à la suite de la prise de Jéricho.

Après un périple de plusieurs mois, les fugitifs suivirent le cours d'un fleuve (le Vidourle) et arrivèrent dans une plaine fertile. M. Chauvet raconte qu'ils firent alors une halte et, au clair de la lune, ils sacrifièrent un jeune bouc. On décida qu'en ce lieu s'élèverait la nouvelle Jéricho et qu'on l'appellerait « Luna ». Depuis, les habitants de Lunel répondent au surnom de « Pescaluna » : ils allaient pêcher la lune à l'aide d'un panier percé, dit la légende !

La colonie sémite

On sait que Lunel fut une importante colonie sémite où l'on trouvait les plus anciennes synagogues de France et une école de médecine très réputée. Au 9e siècle, Lunel était une des seigneuries les plus importantes de la province.

Au 12e, elle possédait une école juive très renommée. Sous Philippe le Bel, Lunel devint le siège d'une Viguerie. Lunel soutint plusieurs sièges, particulièrement pendant les guerres de religion. En 1662, le Prince de Condé s'en empara et Richelieu fit démanteler ses remparts.

Promenades dans le vieux Lunel

La synagogue : au 14e siècle la synagogue fut incorporée à l'Hôtel de Bernis.

Immeuble des Pénitents : ancien couvent des Carmes (actuellement presbytère). Dans sa cour subsiste un important fragment du rempart médiéval dominé par une tour de guet. A ses pieds, la chapelle reconstruite après les guerres de religion, conserve des vestiges romans.

L'église Notre-Dame-du-Lac : du 17ᵉ siècle. A l'intérieur, vous admirerez plusieurs tableaux classés et surtout le grand orgue construit en 1856 par le facteur Aristide Cavaille-Coll. Pourtant inachevé, il possède une sonorité merveilleuse qui attire des concertistes et des mélomanes avertis.

La bibliothèque

Donnée en 1834 par Jean-Louis Médard. On peut y consulter un bon nombre d'éditions rares et de manuscrits (n'oubliez pas de demander, à l'avance, l'autorisation de visite à la mairie).

Le Muscat de Lunel

« Le meilleur vin Muscat de toute la France » écrit le voyageur anglais Sterne en 1760. C'est à cette époque, d'ailleurs, que ce muscat atteint sa perfection grâce à la délicatesse de l'abbé Bouquet, propriétaire à Lunel-Vieil. Le muscat de Lunel est un des trois vins que Pauline Borghese faisait envoyer à Napoléon, son frère, exilé à Sainte-Hélène. Sous le président Carnot, il figure aux menus de l'Elysée. Mais le phyloxera, en ravageant le vignoble français (sauf celui du delta camarguais dont les souches étaient immergées, voir chap. « La tête au soleil, les pieds dans l'eau »), allait bientôt faire disparaître le muscat des coteaux lunellois. Quelques vignerons cependant lui restèrent fidèles, et lorsqu'au 20ᵉ siècle le vignoble se reconstitue, ils peuvent transmettre aux nouvelles générations les recettes ancestrales de ce cru. Au Mas de Fourques, Jean Hugo, arrière-petit-fils de Victor Hugo, peintre, décorateur et écrivain, aujourd'hui décédé, fut longtemps l'un des meilleurs producteurs.

Escolo dou Vidourle

Depuis que Folquet de Lunel, troubadour du 13ᵉ siècle, écrivit une poésie philosophique, les gens du Vidourle témoignent leur fidélité à la « paraulis » (langage séduisant) de leurs ancêtres... Le 18 janvier 1920, pour échapper à la crise spirituelle qui secoue l'après-guerre, Louis Abric, Alphonse Arnaud, Louis Fourmaud, Paul Vezian fondent « l'Escolo Dou Vidourle » pour redonner courage à tous ceux qui croient fermement en la langue d'Oc.

Dans les années 50, de nombreuses réalisations voient le jour sous l'impulsion de Pierre Sarguet, Jean Peyronnet, Etienne Estève.

Un disque « Resson de Camargo » perpétue la légende des « pescalunes » et les airs du pays. Un film « Camargo, terro nostro » illustre la vie pastorale dans le delta du Rhône. En 1963, les élèves du collège de Lunel, sous la houlette du professeur Sauveplane, interprètent l'« Arlésienne » d'Alphonse Daudet dans sa version provençale. L'Escolo dou Vidourle existe toujours. Diverses rencontres et manifestations rassemblent tous ceux qui demeurent attachés aux traditions et à la culture occitane.

Lunel, cité d'aficion

Lunel a toujours eu la « Fe di Biou ». Les marécages qui bordent la ville sont le lieu de prédilection des manades de taureaux de Camargue. En 1839, dans son ouvrage en langue d'Oc, M. Germain Encontre, de Marsillargues, relate « une coursa de bious » à Lunel. En 1860, la ville construit son arène. Elle devient célèbre entre les deux guerres grâce aux prouesses d'un cocardier « le sanglier ». A cette époque, 4 clubs taurins, toujours vivants aujourd'hui, naissent : la Bouvine, la Cocarde, l'Ecole taurine, la Pica. Actuellement, plus de 10 clubs ou associations taurines sont en activité.

La piste lunelloise est réputée comme la plus difficile et la plus sélective de toutes les pistes de Provence et du Languedoc. Pendant longtemps elle a porté avec fierté le titre de « Reine de la course libre ».

Les fêtes à Lunel

Tout au long de l'année, M. Laurent, directeur des arènes propose un programme taurin très varié : corridas, mais surtout courses camarguaises. La « Temporada » lunelloise se déroule en deux temps : du dimanche des Rameaux à la Pentecôte et de septembre à novembre. Sur les gradins, Vidourlais et visiteurs venus de toute la Camargue et même d'ailleurs applaudissent aux exploits des raseteurs et des grands cocardiers.

— Le 14 juillet : fête de Lunel. Elle dure une dizaine de jours. Le taureau est partout : dans les abrivados et bandidos, sur le plan du Christ ou dans les arènes ;

— en octobre : depuis 1984, les arènes se sont dotées d'un grand trophée taurin : le trophée Pescalune. Ce trophée revalorise les 8 courses échelonnées sur la saison et se clôture par une très belle finale le 3ᵉ dimanche d'octobre durant la foire d'automne ;

— concerts de musique classique toute l'année.

Ric

Voie Domitienne, site archéologique d'Ambrussum.

Montpellier, capitale du Languedoc-Roussillon. Vous visiterez la vieille ville (quartier de l'Ancien Courrier, quartier Jacques Cœur) et le nouveau quartier d'Antigone... Vous participerez à de nombreuses festivités toute l'année.

Cathédrale St-Pierre

A VOIR EGALEMENT :

Antigone

Les Gorges de l'Hérault, Saint-Guilhem-le-Désert, les Cévennes sont parmi les sites les plus visités. Près de Nîmes à visiter, **Bellegarde, Remoulins, le Pont du Gard**, merveille de l'antiquité qui mérite véritablement le détour. Construit vers l'an 19 avant J.-C., il est resté presque intact au bout de 2000 ans.

Annick Rosas

St-Guilhem-le-Désert

Contacts offices de tourisme, syndicats d'initiatives

Aigues-Mortes : cloître des Capucins. Tél. : 66.53.73.00. Ouverture en saison de 9 h à 12 h 30 et de 14 h à 19 h.
Arles : esplanade Charles-de-Gaulle. Tél. : 90.96.29.35. Ouverture en saison de 9 h à 12 h 30 et de 14 h à 19 h. Salin de Giraud (commune d'Arles) bureau de tourisme, mairie annexe. Tél. : 42.86.80.87. Ouverture en saison de 9 h à 12 h 30 et de 14 h à 19 h.
Beaucaire : 24, cours Gambetta. Tél. : 66.59.26.57 ouverture en saison de 9 h à 12 h 30 et de 14 h à 19 h.
Fos-sur-Mer : place de l'Hôtel de ville, B.P. 99. Tél. : 42.47.71.96. Ouverture en saison de 9 h à 19 h.
Grande-Motte : place de la mairie. Tél. : 67.56.62.62. Ouverture en saison de 9 h à 21 h.
Grau-du-Roi : boulevard du Front de Mer. Tél. : 66.51.67.70. Ouverture en saison de 9 h à 20 h.
Port-Camargue : Carrefour 2000. Tél. : 66.53.14.06. Ouverture en saison de 9 h à 20 h.
Lunel : place des Martyrs de la Résistance. Tél. : 67.71.01.37. Ouverture en saison de 9 h à 19 h.
Nîmes : 6, rue Auguste. Tél. : 66.67.29.11. Ouverture en saison de 8 h à 19 h.
Saint-Gilles : maison romane. Tél. : 66.87.33.75. Ouverture en saison de 9 h à 12 h et de 14 h à 17 h.
Saintes-Maries-de-la-Mer : 5, avenue de Van-Gogh. Tél. : 90.47.82.55. Ouverture en saison de 9 h à 12 h et de 14 h à 19 h.
Tarascon : 59, rue des Halles. Tél. : 90.91.03.52. Ouverture en saison de 9 h à 12 h 30 et de 13 h 15 à 19 h.
Vauvert : place Ernest-Renan. Tél. : 66.88.28.52. Ouverture en saison de 9 h à 19 h.

Contacts nature

- **Centre administratif du Parc naturel régional de Camargue et musée camarguais :** le Mas du Pont de Rousty 13200 Arles. Tél. : 90.97.10.82. Visite de 9 h à 12 h et de 14 h à 18 h.
- **Centre d'information de Gines** (Parc naturel régional de Camargue) Pont de Gau, route d'Arles R.D. 570 - 13460 Les-Saintes-Maries-de-la-Mer. Tél. : 90.97.86.32. Visite de 9 h à 12 h et de 14 h à 18 h.

 La Camargue

Domaine de la Palissade B.P. N° 5 13129 Salin-de-Giraud. Tél. : 42.86.81.28. Visite de 9 h à 17 h.
- **Réserve naturelle de Camargue.** « La Capelière » 13200 Arles. Tél. : 90.97.00.97.
- **Parc ornithologique du Pont de Gau.** 13460 Saintes-Maries-de-la-Mer. Tél. : 90.47.82.62. Visite de 8 h au coucher du soleil.

Quelques curiosités

Aigues-Mortes :
- **L'exploitation des « Salins du Midi » :** visite organisée par l'Office du tourisme le mercredi et le vendredi en juillet et août.

Arles :
- **Muséum Arlaten :** rue de la République. Visite de 8 h 30 à 12 h et de 14 h à 19 h.
- **Musée Réattu :** rue du Grand Prieuré. Visite de 8 h 30 à 12 h et de 14 h à 19 h.

Nîmes :
- **Musée des Beaux-Arts :** rue Cité Foulc. Tél. : 66.67.38.21. Visite de 9 h à 12 h et de 14 h à 18 h.
- **Musée du Vieux Nîmes :** place aux Herbes. Visite de 9 h à 12 h et de 14 h à 18 h.

Saint-Gilles :
- **Maison romane :** visite en semaine de 9 h à 12 h et de 14 h à 17 h.
- **La crypte :** visite libre de 9 h à 12 h et de 14 h à 18 h.

Saintes-Maries-de-la-Mer :
- **Eglise-forteresse :** ouverte toute l'année. La terrasse est ouverte en saison de 9 h à 12 h et de 14 h à 23 h.
- **Musée Baroncelli :** ouvert toute l'année de 9 h à 12 h et de 14 h à 18 h.
- **Musée du Boumian :** (musée de cire) route d'Arles. Visite de 10 h à 19 h.

Salin-de-Giraud :
- **Visite de l'exploitation des « Salins du Midi » :** se renseigner au bureau de la mairie.

Vergèze :
- **Sources Perrier :** visite accompagnée (50 mn environ) à 9 h, 10 h, 13 h 30, 14 h 30, 15 h 30, 17 h.

M.N.

La Fédération Française de la Course Camarguaise

8, rue Tédénat - 30000 Nîmes - 66.21.76.96

La Fédération Française de la Course Camarguaise est une fédération sportive, soumise à ce titre aux mêmes règlements que toutes les organisations sportives de France. Mais son rôle est plus complexe que celui de la plupart d'entre-elles. En effet, la F.F.C.C. fédère trois groupes de membres dont les intérêt sont, sinon opposés, en tout cas divergents :

— les raseteurs dont l'intérêt est de « lever » le plus d'attributs possibles, c'est-à-dire que les courses soient faciles ;

— les manadiers dont l'intérêt est que les taureaux conservent leurs attributs le plus longtemps possible, c'est-à-dire que les courses soient difficiles ;

— les organisateurs dont l'intérêt est que les courses attirent le public le plus nombreux possible, c'est-à-dire que les courses soient spectaculaires.

C'est dire si la mission de ses dirigeants est délicate.

C'est constater aussi qu'elle est efficace, puisque depuis la création de la Fédération, en 1975, la Course Camarguaise a pu se structurer et assurer, avec les courses de débutants et des courses de protection, le renouvellement des générations d'hommes et de taureaux à un bon niveau de compétence, tout en perpétuant un certain sens de la tradition.

Le souci de la Fédération est maintenant la médiatisation de la Course Camarguaise, trop souvent réduite, aux yeux du public non-régional, aux seules courses de nuits (« toros-piscines ») ou occultée par la corrida espagnole.

La carte illustrée de la Camargue page 4 (format 60 × 70) et les autres guides de la collection (les Canyons, la Martinique, la Guadeloupe, St-Martin, St-Barth, les Saintes) sont disponibles à l'adresse suivante :

Les Créations du Pélican. « La Maison d'Eurydice », avenue de M. Teste 34070 Montpellier - Tél. : 67.45.24.21.

« Bonjour la Camargue », guide touristique et pratique ISBN 2.903696.07.1.

Antilles : Loïc Codrons - 24, allée des Perdrix - Sicaf Destrellan 97122 Baie-Mahault - Guadeloupe. Tél. : 19.590.26.19.95 et 19.590.27.65.99 (St-Barthèlemy).
Montpellier : Jean-Michel Renault (J.-M.R.) Les Créations du Pélican. « La Maison d'Eurydice », avenue de M. Teste 34070 Montpellier. Tél. : 67.45.24.21
Directeurs de la publication : Loic Codrons, J.-M.R.
Rédaction : Marie-France Avril, Anick Rosas.
Photos : Bruno Pambour.
Complément photographique : Jean Boutin (J.B.). La Bouvino et ses photographes : Christian Itier (C.I.), Michel Naval (M.N.), Hubert Soriano (H.S.). L'Office du Tourisme des Saintes-Maries-de-la-Mer (O.T.S.M.) et ses photographes, domaine de l'Amarée (D.A.), Denis Colomb et Daunant (D.C.D.), Marchetti (M.). L'Office du Tourisme du Grau-du-Roi (O.T.G.R.) - Parc Naturel Régional de Camargue (P.N.R.) et son photographe G. Vlassis. René Causse (R.C.). Othar Chedlivili (O.C.). Anny Puget (A.P.), Jean-Michel Renault (J.-M.R.).
Sources de documentation historique : State Museum Kröller-Müller, Otterlo, The Netherlands (S.M.K.M.). Musée d'Orsay, Paris (M.O.). Jean François (collection de gravures anciennes). Collections personnelles de cartes postales anciennes de Roland Jolivet et Guy Morel.
Illustration du poster de la Camargue : J.-M.R.

« Bonjour la Camargue » est une réalisation des « Créations du Pélican ».
Conception, cartes et montage : A.P.
Photocomposition : Anadine Compo, Montpellier.
Photogravure : photogravure du Pays d'Oc, Anduze (Gard).
Dépôt légal mai 1988.
Achevé d'imprimer en mai 1988 par AZ Offset à Anduze.

Nous remercions chaleureusement pour leur active participation à l'élaboration de ce guide :
— la ville d'Arles, en particulier M. Marion de l'Office du Tourisme,
— les Offices du Tourisme des Saintes-Maries-de-la-Mer, du Grau-du-Roi, Lunel, Tarascon, Beaucaire et Salin de Giraud,
— la Fédération Française de la Course Camarguaise,
— l'équipe de la « Bouvino » (mensuel spécialisé), en particulier Danièle Jolivet,
— le Parc Naturel Régional de Camargue (Mas de Rousty),
— la Réserve Nationale de Camargue « La Capelière », en particulier Eric Coulet,
— le Domaine de la Palissade,
— la F.A.C.E.T.
Ainsi que Mme Lise Carretero (auteur du livre « Traditions taurines entre mer et Vidourle »), Jean François, Roland Jolivet, Guy Morel, Jean-Marie Louirette, Denys et Florian Colomb de Daunant, la compagnie des Salins du Midi : Patrick-Jean Viverge. Françoise et Robert Margé.